**아들아
의사 대신

건물주가
되어라**

아들아 의사 대신
건물주가 되어라

ⓒ빌딩부부

초판 1쇄 인쇄 2025년 5월 30일

엮은이 빌딩부부
디자인 김지혜
마케팅 네버기브업
펴낸곳 네버기브업
이메일 emsgo2024@gmail.com

ISBN 979-11-94600-29-9 (03320)

아들아 의사 대신

상위 1%
공인중개사

《빌딩부부》의
건물주 되기
프로젝트

건물주가 되어라

빌딩부부 지음

NEVERGIVEUP

요즘 나오는 건물 투자 책들을 보면 '이렇게 투자하면 돈 번다', '이런 건물을 사면 성공한다'는 희망적인 이야기들이 대부분입니다. 하지만 저희는 '진짜 건물주가 되려면 현실부터 알아야 한다'는 메시지를 전하고 싶었습니다. 빌딩 전문 중개사로 그동안 수백 채의 건물을 중개하면서 건물을 산다는 건 단지 자산을 불리는 일을 넘어 각오와 책임이 필요한 선택이라는 사실을 많은 사람들이 간과하고 있다는 걸 알게 되었기 때문입니다. '아, 건물 하나 사는 게 이 정도 각오가 필요한 일이구나' 하는 그 지점에서 시작하는 사람이 진짜 투자자라고 생각합니다.

저희는 이 책에서 빛나는 성공 사례와 더불어, 가능하면 사람들이 겪지 않았으면 하는 현장의 고생담을 진솔하게 담아보려 합니다. 왜냐하면 이런 일들이 정말 실제로 거래에서 벌어지고 있기 때문입니다. 서류 하나 잘못 봐서 발이 묶이고, 공실로 몇 달 동안 고통받고, 좋다고 믿고 산 건물에서 분쟁이 터지고, 법적인 함정에 빠지기도 합니다. 겉만 보면 다 멀쩡한 건물인데, 실제로 파헤쳐 보면 사람과 사람이 부딪히는 갈등의 현장이 되기도 하는 것입니다.

부동산 정책은 계속 바뀌고, 대출과 세금, 양도 기준 역시 수시로 달라지고 있습니다. 이 책에는 그런 최신 흐름까지 읽기 쉽게, 실질적으로 담았습니다. 희망만 전하는 책이 아니라, 투자 결정에 필요한 기준과 정보까지 담긴 책입니다.

그런 의미에서 요즘은 건물을 사는 사람들의 목적도 예전과는 조금 달라졌습니다. 과거에는 단기간에 시세차익을 노리거나 자산 증식이 최우선 목표였다면, 지금은 조금 더 '삶의 방향'을 바꾸는 결정으로 건물 매입을 고민하는 분들이 많아졌습니다. 뿐만 아니라 건물 매입을 고려하는 연령층도 눈에 띄게 젊어졌습니다. 이제는 은퇴한 자산가만이 아니라, 신혼부부 또는 어린 자녀를 둔 맞벌이 부부가 아파트 한 채를 팔고 전세로 거주하면서 그 자금으로 작은 건물을 사들이는 일도 낯설지 않습니다. 저희 역시 방배동, 성수동 등에 투자한 경험이 있고, 그 과정에서 느낀 점들을 누구보다 현실감 있게 전할 수 있습니다. 그렇기 때문에 이 책은 단지 '성공한 사람들'의 사례뿐 아니라, 저희와 비슷한 조건 속에서도 가능했던 실질적인 방법들에 대해서도 이야기합니다.

특히 저희 부부의 고객 중에는 전문직인 분들이 많습니다. "아이를 공부시켜서 의사로 만드는 것보다 대치동에 건물을 하나 사서 물려주는 게 오히려 더 나은 미래일 수도 있지 않을까요?"라며 최근에는 입시를 위한 공부보다 투자 공부를 더 시키고 싶다는 부모들이 적지 않습니다. 실제로 부부가 모두 의사임에도 자녀를 학원에 보내지 않고, 그 대신 좋은 입지에 있는 수익형 건물을 매입해 아이에게 물려주려는 사례들도 늘고 있습니다. 공부만이 정답인 세상이 아니라는 걸 부모가 먼저 깨닫는 시대이기도 합니다. 그래서 이 책은 입시를 준비하다 방향을 바꾼 아이, 공부보다 실전에서 살아남고 싶은 청년들, 평범한 직장인이지만 미래를 설계하고 싶은 이들에게도 좋은 기준선이 되어줄 수 있을 것입니다. 저희 역시 중개 파트너로 오랫동안 일해

왔지만, 부부이자 한 아이를 키우는 부모입니다. 훗날 내 아이가 건강한 투자자로 성장할 수 있도록 '이런 물건은 피해라', '이런 상황에 부딪히면 반드시 이렇게 해결해라'라는 따뜻하지만 단단한 조언을 해주고 싶었습니다.

'빌딩 부부'라는 이름은 단순한 별명이 아닙니다. 그 안에는 정직함과 신뢰를 지키겠다는 저희 부부의 다짐이 담겨 있습니다. 화려한 마케팅 대신, 정해진 수수료만 받고 내가 투자한다는 마음을 담아 진실하게 중개하는 것을 원칙으로 삼아왔습니다. 빌딩 투자에는 눈부신 성공만 있는 게 아닙니다. 때로는 복잡한 문제와 예상치 못한 리스크가 더 가까이 있기도 합니다. 그래서 더더욱, 제대로 보는 눈이 필요합니다. 그리고 그 눈을 갖기 위한 여정에, 이 책이 작지만 확실한 길잡이가 되어주기를 바랍니다.

빌딩 부부

누구나 시작할 수 있다, 건물 투자 입문

PART 3

실제 사례로 보는 건물 투자 인사이트

PART 4

'빌딩 부부'가 바라보는 건물 투자의 미래

PART 5

PART 1.

'빌딩 부부'는
이렇게 시작했다

01

우리는 어떻게
빌딩 중개사가 되었나

그의 이야기

저는 원래 공인중개사가 될 생각이 전혀 없었습니다. 대학에서 호텔경영학을 전공할 당시에는 생각보다 적응이 잘 안 돼서 휴학을 반복했고, 호주로 여행을 다녀오기도 했습니다. 군대도 늦게 갔습니다. 대부분이 1학년 때 군대를 다녀오는 반면, 저는 3학년이 되어서야 입영 통지를 받았습니다. 당시 고민 끝에 학사장교를 지원했고, 운 좋게 합격해 졸업 후 입대했습니다.

군 복무를 마친 뒤, 남들처럼 삼성그룹 입사를 목표로 '사트

(SAT)' 준비에 몰두할까도 했지만, 그 길이 저와는 어딘가 맞지 않는다는 느낌이 들었습니다. 호텔경영학과를 졸업해 호텔 업계로 가는 길 역시 쉽지 않아 보였습니다. 서비스 업종 자체가 제 적성과는 거리가 있었고, 호텔·항공·여행사 등은 '일은 많고 연봉은 적다'는 업계의 현실도 발목을 잡았습니다.

결국 호텔 전공을 뒤로하고 첫 사회생활은 F&B 기업 본사에서 시작했습니다. 2년간 상권 개발 업무를 맡으며 프랜차이즈 전반에 대한 구조와 운영 방식을 철저하게 배웠습니다. 그 경험은 이후 저에게 소중한 자산이 되었습니다. 특히 상권 분석에 대한 실무를 집중적으로 하면서 서울과 경기권 상권의 흐름을 눈으로 읽고 판단하는 역량을 키울 수 있었습니다. 하지만 임원의 연봉, 조직 구조, 성장의 한계를 봤을 때 이대로 20년을 버텨도 내가 과연 그 자리까지 오를 수 있을까 하는 회의감이 들었습니다.

그 무렵, 창업 컨설팅 회사에 입사해 처음 '영업'이라는 일을 해봤습니다. 놀랍게도 둘째 달부터 실적 1위를 찍었습니다. 하지만 '이 일도 결국은 반복'이라는 생각이 들었고, 6개월 만에 회사를 나와 직접 창업을 했습니다. 강남역 부띠크모나코에서 상가를 임대해 사업을 시작했고, 그때 꾸준히 교류하던 사람이 바로 지금의 아내였습니다. 저희는 그때만 해도 그저 같은 업계에서 일하는 사람으로서 정보를 주고받았고, 그녀가 일하던 빌딩 중개 회사가 점점 제 눈에 들어오기 시작했습니다. 제가 그동안 쌓아온 상권 분석과 개발 경험, 실무 감각들이 '건물 중개'라는 업에 접목되면 꽤 강력한 무기가 될 수 있겠다는 확신이 들었습니다. 그래서 회사에 직접 제안을 했습니다.

"저를 받아줄 수 있습니까? 제가 가진 팀과 시스템을 통째로 데려가겠습니다."

하지만 그 회사에는 원칙이 있었습니다.

'외부 팀장은 받지 않는다. 수습부터 시작해야 한다.'

저는 고민하지 않았습니다.

"좋습니다. 지금 하고 있는 모든 사업을 접고, 막내부터 시작하겠습니다."

당시 제 나이는 서른다섯, 조직 내 가장 나이가 많은 신입사원이었습니다. 하지만 한 번의 기회가 주어졌고, 그 기회를 잡기 위해 저는 기다리고 또 기다렸습니다. 사업을 정리하고 입사 연락을 기다리는 동안 생계를 위해 과외까지 병행했습니다. 6개월이 흐른 후, 마침내 빌딩 중개 회사에서 입사 연락이 왔고 2015년 1월 2일, 저는 그렇게 다시 '막내'로 돌아가 일을 시작했습니다. 그리고 빠르게 성장했습니다. 2년 4개월 만에 팀장이 되었고, 이후 수석 팀장, 이사, 상무로 승진하며 지금의 자리까지 올 수 있었습니다.

사실 저는 이 일에 자격증도 없이 뛰어들었습니다. 하지만 제가 자신 있던 단 하나의 무기는 바로 '상권을 보는 눈'이었습니다. 각 상권에 어떤 흐름이 있고, 어느 지역이 뜨고 있는지, 어떤 건물이 다음 타깃이 될지를 직관적으로 판단할 수 있었습니다. 그건 단순한 이론이 아니라 현장에서 수없이 걸은 발바닥과 감각에서 온 것이었습니다. 그리고 지금도 저는 '건물 중개' 일이 너무 재미있다고 생각합니다. 매번 다른 매물, 다른 고객, 다른 상황… 이건 단순한 영업이 아니라 사람과 장소를 매칭시키는 일입니다. 자본도 많이 들지 않고, 정확한 정보력과 판단력, 그리고 신뢰가 무기인 제게 딱 맞는 일이었습니다.

나이가 많다고 망설였던 시절이 있었지만, 오히려 그 경험들이 쌓여 지금의 저를 만들었습니다. 그리고 지금은 아내와 함께 '빌딩 부부'라는 이름으로 신뢰를 파는 중개사로서 함께 걷고 있습니다.

그녀의 이야기

저는 어린 시절 줄곧 압구정에서 자랐습니다. 좋은 교육 환경, 훌륭한 학교, 부모님으로부터 과외, 학원 등 아낌없는 지원을 받았습니다. 하지만 대학 입시를 앞둔 어느 날, 어머니가 다소 현실적인 이야기를 꺼냈습니다.

"스카이나 명문대 갈 거 아니면 그냥 부동산학과나 간호학과를 가라. 그게 훨씬 낫다."

결국은 취업이 중요하다는, 그 시절 어른다운 판단이었습니다. 그 말에 저는 단호히 말했습니다.

"둘 다 싫어."

고등학생이라 부동산에 대해 제대로 알지도 못했고, 간호학과도 저와는 너무 멀어 보였습니다. 그런 제게 어머니는 한 가지 제안을 했습니다.

"부동산학과에 들어가서 자격증 따면 1억을 줄게."

어머니는 당시 건물 투자에 관심이 많았지만 자격증이 없어서 전문적으로 접근하지 못했습니다. 그래서 가족 중 누군가가 이 일을 해주기를 바랐던 것 같았습니다. 저는 사진 찍는 것을 좋아해서 사진학과를 가고 싶었지만, 1억이라는 말에 흔들렸습니다.

"그 돈으로 사진관을 차려도 되고, 해외에 나가서 사진을 해도 된다."

그 말에 결국 저는 부동산이 뭔지도 모르면서 '그냥 자격증만 따면 1억이 생긴다'는 단순한 계산으로 부동산학과에 입학했습니다. 하지만 현실은 달랐습니다. 학교에서 배우는 이론은 자격증 시험과 전혀 달랐고, 저는 학교생활보다 노는 데 더 열중했습니다. 1학년 여름방학 무렵에 아버지가 한마디를 툭 던졌습니다.

"다른 애들은 알바라도 하는데, 너는 안 하냐?"

그 말에 저는 무심히 채용 정보 사이트에 들어가 부동산 관련 회사 두 곳에 이력서를 넣었습니다. '일 끝나고 친구들이랑 놀기 좋겠다'는 단순한 생각으로 당시 제가 살던 신사동에 있는 부동산 회사를 골랐습니다. 처음 면접을 본 곳은 창업 컨설팅 회사였고, 거기서 3개월간 일했습니다. 그때 함께 일했던 과장님이 바로, 훗날 제 인생 파트너가 될 사람이었습니다.

잠깐의 실무 경험을 마치고 복학한 어느 날, 제가 지원했던 신사동 부동산 회사에서 연락이 왔습니다. 저는 "이제 부동산 안 하려고요"라고 쿨하게 말했습니다. 그랬더니 수화기 너머에서 뜻밖의 대답이 들려왔습니다.

"일하라는 게 아니라, 한번 만나봅시다."

살짝 수상했지만, 알고 보니 제가 다니던 학교와 연계된 부동산 중개 법인 회사였습니다. 당시 그 회사의 팀장님(현 빌딩온 김주환 대표님)이 직접 학교 앞까지 찾아오셨고, 저는 그렇게 부동산 중개 법인 회사와 첫 인연을 맺었습니다. 그리고 그곳에서 '부동산 중개를 직업으로 삼을 수 있겠다'는 가능성을 처음으로 느끼기 시작했습니다. 그렇게 저는 그 팀장님의 두 번째 직원이 되었습니다. 자격증은 없었고 경험도 부족했지만, 저는 이상하게도 그 일이 재미있었습니다. 전화를 잘 받았고, 일 처리를 좋아했고, 무엇보다 '이 지역에서 가장 좋은 매물을 찾고 싶다'는 의지가 강했습니다. 그 의지는 결국 제 커리어의 첫 단추가 되었습니다.

제가 건물 중개를 시작하던 시절만 해도 여성 중개사가 흔치는 않았습니다. 빌딩 시장은 99%가 남성이었고, 그마저도 연차가 오래된 분들이 대부분이었습니다. 21살의 저는, 경리 직원보다 어려 보인다는 말까지 들을 정도로 아무도 주목하지 않았습니다. 그럼에도 불구하고 저는 잘했고, 인정받았습니다. 대표님과 동료들이 저를 끌어주었고, 더 잘하려고 애썼던 기억이 남아 있습니다. 사람을 만나는 게 좋았고, 매물과 사람을 연결하는 일이 점점 더 제게 잘 맞는다는 걸 알게 됐습니다.

지금 생각해보면, 건물 중개는 제게 딱 맞는 일이었습니다.

영업이긴 하지만 매번 같은 상품을 파는 게 아니라는 점이 매력적이었습니다. 물건이 바뀌고, 사람도 바뀝니다. 상황이 다르고, 타이밍이 다르고, 해법이 달라서 재미있고, 그래서 도전적일 수 있었습니다. 그리고 무엇보다 이 일은 여성이 하기에 너무 좋았습니다. 육아와 병행하기에도 시간 운용이 자유롭고, 경력이 단절되지 않으며, 의외로 여성이 잘할 수 있는 섬세함과 정직함이 강점이 되는 업계이기도 합니다. 한 건에 대한 수수료도 크고, 고객에게 신뢰를 주면 더 많은 기회가 옵니다.

그사이 저는 결혼을 해서 아이도 낳았고, 지금도 일을 하고 있습니다. 남초 회사에서 여성으로서 힘든 점도 많았지만, '최연소 (여성) 팀장', '최초 여성 임원'으로 성장하며 중간에 단 한 번도 이 일을 그만두고 싶다고 생각한 적이 없습니다. 사람을 만나고, 정보를 다루고, 세상을 읽고, 가치를 매기는 이 일이 제 적성에 맞고, 지금의 저를 있게 했기 때문입니다.

02

매일 건물주를 만날 수 있는
유일한 직업

부동산에는 주택, 토지, 공장, 임야 등 다양한 분야가 있지만, 그중에서도 건물은 부동산 중개 분야에서도 가장 높은 단계에 있습니다. 다루는 금액도 크고, 수수료 역시 가장 높습니다. 무엇보다 건물 한 채를 중개하기 위해서 알아야 할 것이 정말 많습니다. 같은 라인에 있는 건물이라도 토지의 공법적인 문제나 건폐율, 신축 가능 층수, 증축 여부 등이 완전히 다릅니다. 그래서 소방 법규부터 생활안전 관련 법, 세금과 계약서 작성 방식까지도 꼼꼼히 알아야 합니다. 용적률이 얼마나 남아 있는지, 증축이 가능한지, 임차인의 구성이나 리모델링 여지도 모두 확인해야 합니다. 쉽게 말하면, 건물 하나를 팔기 위해 공부해야 할 범위가 어마어마하다는 의미입니다. 토지는 그 자체로 단순합니다. 땅이 전인지 답인지만 확인하면 되고, 공장 역시 대부분은 '부지'만 중개하면 됩니다. 하지만 건물은 다릅니다. 매물 하나하나마다 공부가 필요했고, 그래서 오히려 처음 중개를 배울 때부터 건물을 시작한 것이 다른 분야를 익히는 데도 훨씬 수월했습니다.

건물 중개를 배우는 직원들은 입사 초기 1~2년 동안 거의 하루 10시간 이상씩 공부해야 합니다. 구청마다 다른 공법적 제한 사항을 찾아보고, 건축과 홈페이지에 들어가 일일이 확인하고, 소방 법규와 토지이용계획을 숙지해야 하기 때문입니다. 500제곱미터가 넘는 건물에는 소방안전 점검이 필수라는 점까지도 빌딩 전문 중개인이라면 반드시 알고 있어야 합니다. 건물 중개를 오래 하다 보면 임대차는 손쉽게 느껴질 정도입니다. 임대차는 부수적인 일이 되어버리고, 온 신경이 건물 하나에 쏠리게 됩니다. 그만큼 깊이 들어가야 하는 분야입니다.

공인중개사로 일을 하게 되면 보통 원룸으로 중개를 시작합니다. 대학가의 경우에는 하루에도 수십 건의 계약을 쓰기도 합니다. 그러나 건물은 1년에 10건 계약을 쓰기도 어렵습니다. 대신 한 건이 성사되면 수익은 원룸의 50건을 뛰어넘습니다. 그래서 젊고 열정이 있는 사람들이라면, 오히려 처음부터 건물 중개를 시작하는 편이 좋다고 생각합니다. 시간이 걸리더라도, 가장 큰 영업 시장에서 경쟁할 수 있기 때문입니다.

영업직 중에서도 건물 중개는 최고의 포지션이라고 생각합니다. 자동차 딜러, 보험 설계사, 카드 영업 등 다양한 영업직이 있지만, 건물은 우리나라의 자산 중 가장 고가의 물건입니다. 따라서 한 번의 계약으로 받는 수수료가 가장 크고, 매물도 끊임없이 바뀝니다. 초기 자금 없이 시작할 수 있고, 실력만 있으면 누구나 성과를 낼 수 있습니다. 특히 여성 중개사가 일하기에도 큰 장점이 있는 분야입니다.

건물주들은 20대의 손미혜 개인은 만나주지 않았지만, 공인 중개사 손미혜는 만나주었습니다. 제가 그 사람의 건물을 팔아줄 수 있는 사람이기 때문입니다. 저는 그 사실이 너무 행복했고, 즐거웠습니다. 그때 깨달았습니다. 이 일은 나이에 관계 없이 건물주를 직접 만날 수 있는 유일한 직업이라는 것을요. 저는 사람 만나는 걸 싫어하지 않았고, 이 일이 적성에도 잘 맞았습니다. 덕분에 중간에 포기하지 않고 10년 넘게 이 일을 해올 수 있었습니다. 수많은 건물주들을 만나며 다양한 직업과 삶을 간접적으로 경험했습니다. 의사, 변호사, 법무사뿐만 아니라 연예인, 사업가, 공무원, 선박 운항자나 파일럿 등 그들과의 대화를 통해 수많은 삶의 가치관을 배우는 것도 큰 즐거움이었습니다. 또한 이분들은 자녀의 교육에도 굉장히 열정적이었습니다. 어린 자녀를 키우면서도 미리미리 부동산 자산을 설계하고 준비하는 모습을 보며, 저도 삶에 대한 시야가 넓어졌습니다.

건물 중개는 결코 쉬운 일이 아닙니다. 하지만 어렵기에 오히려 도전할 가치가 있다고 생각합니다. 매물이 무한하고, 매일 새로우며, 무엇보다도 진짜 실력을 갖춘 중개인만이 살아남을 수 있는 이 리그가 참 재미있다는 생각이 듭니다.

또 관점을 바꾸어 일반 소비자의 입장에서 '왜 건물 투자를 해야 하느냐'는 질문이 있을 수 있습니다. 그 답은 명확합니다. 우리나라에서 부자가 되는 방법은 세 가지입니다. 사업이 대박이 나든가, 공부를 잘해서 전문직이 되든가, 아니면 건물주가 되는 것입니다. 결국 다들 꿈꾸는 최종 지점은 '건물주'입니다. 노후 대비도, 월세 수익도 다 건물에서 나오기 때문입니다.

사람들은 보통 건물 투자는 '엄청나게 돈 많은 사람들'의 전유물이라고 생각합니다. 하지만 현실은 그렇지 않습니다. 대부분 대출로 매입하기 때문에 아파트보다 자금 부담이 적은 경우가 많습니다. 주택은 규제가 많지만, 상업용 부동산인 건물은 상대적으로 규제의 틈이 많습니다. 그래서 조건을 잘 활용하면 누구나 접근할 수 있는 시장입니다.

03

거래액 1조 원,
이제는 브랜드가 된 '빌딩 부부'

저희는 둘 다 한 빌딩 중개 법인의 팀원이었습니다. 매일 전화를 받고, 매물을 정리하고, 고객을 응대하며 하루하루 배워가던 사람들이었습니다. 그러다 둘 다 팀장으로 진급하게 되면서 완전히 새로운 구조를 경험하게 됐습니다.

현재 저희 중개 법인은 일반 중개 사무소와는 시스템이 조금 다릅니다. 각 팀장이 하나의 독립 사업체를 운영하는 형태입니다. 각 팀장들은 자신의 사업자 등록을 갖고 '빌딩온'이라는 중개 법인과 파트너십 계약을 맺습니다. 팀장이 직접 직원을 뽑고, 급여도 팀장이 지급합니다. 현재 저희는 팀원들이 각 5명씩 있고, 그 10명의 월급을 저희 부부가 책임지고 있습니다. 팀장이 되고 나서 깨달은 것이 있다면 이제는 '중개인'만이 아니라 '운영자'가 되었다는 것입니다. 이제부터는 어떻게 팀을 꾸리고, 매물을 확보하고, 고객에게 다가가느냐에 따라 생존이 달리게 되었습니다. 그리고 그 무렵, 시장도 변화하고 있었습니다.

과거 1세대 빌딩 중개 법인들이 주로 사용하던 홍보 수단은 '무료 생활정보지'였습니다. 신문 하단의 박스 광고를 통해 매물을 알렸고, 당시에는 나름대로 효과도 있었습니다. 그다음은 일간 경제지의 지면 광고였습니다. 하지만 저희가 팀장을 맡을 즈음부터 지면 광고의 효과가 떨어지기 시작했습니다. 몇백만 원씩 내고 광고를 해도 계약하겠다는 사람이 나타나지 않았습니다. 잘되는 팀은 상관없었지만, 나머지 80~90%는 광고비만 버리는 구조였습니다. 회사 내부에서는 불만이 터졌고, 결국 지면 광고를 폐지하게 되었습니다. 그러면서 나온 대안이 바로 유튜브였습니다.

하지만 그 당시 유튜브를 시작한다는 것이 아직 낯설었고, 누구도 먼저 나서려 하지 않았습니다. 그때 남편이 말했습니다.

"블로그는 이제 너무 많고, 난 뭔가 다른 걸 해보고 싶어."

그래서 페이스북 마케팅 강의를 직접 신청해서 들었습니다. 세 차례 강의를 듣고 돌아온 남편은 고개를 저었습니다.

"이건 오프라인 매장용 마케팅이야. 우리랑은 안 맞아."

저는 그 말에 웃으며 답했습니다.

"그래도 뭐 하나는 해봐야지."

그렇게 잊고 있었던 어느 날, 남편이 갑자기 말했습니다.

"이번엔 유튜브를 배워올게."

저는 또 막연히 '배우고 오겠구나' 생각했는데 남편은 그날 바로 유튜브 PD를 데려왔습니다. 배우러 간다더니, 그냥 제작을 시작한 것이었습니다. 그렇게 시작된 것이 바로 '빌딩 부부' 유튜브 채널입니다. '이 브랜드를 제대로 만들어 보자'는 일념으로 저희는 팀을 구성하고, 촬영과 편집을 맡아줄 외주 PD를 고용했습니다. 당시만 해도 유튜브로 빌딩을 소개하는 중개사는 거의 없었고, 부부가 함께 등장하는 경우는 더더욱 없었습니다. 저희는 이 '부부 캐릭터'를 살리기로 했습니다. 대부분의 건물 중개 유튜브가 남성이 단독으로 진행하거나 딱딱한 정보 전달 위주였다면, 저희는 달랐습니다.

'남자와 여자가 함께 중개를 한다. 부모이기도 하다. 신뢰는 그렇게 만들어진다.'

이 콘셉트는 의외로 빠르게 반응을 얻었습니다. 처음에는 브랜드 이름도 고민이었습니다. 유튜브 PD님과 상의하며 고민한 끝에 탄생한 이름이 바로 '빌딩 부부'였습니다. 처음엔 너무 흔한 이름 같아서 걱정이 많았습니다.

'빌딩 부부라니… 너무 직관적인 거 아냐?'

하지만 오히려 그게 강점이 되었습니다. 누구든 한 번 들으면 잊지 않았고, 처음 보는 사람들도 "아, 빌딩 중개하시는 부부이시죠?" 하고 바로 인식하기 시작했습니다. 브랜드 보호도 놓치지 않았습니다. 상표 전문 변리사를 찾아가 '빌딩 부부'라는 이름은 물론, 로고, 글꼴, 색상까지 전부 상표 등록을 마쳤습니다. 그 이름을 사용하는 누군가가 생길 수 있다는 걸 알았기에 저희는 더 이상 '이름'을 가지고 움직이는 게 아니라 하나의 '방식'으로 존재하고 싶었습니다. 그리고 어느새 '빌딩 부부'는 단순한 유튜브 채널도, 중개 사무소의 이름도 아닌 신뢰와 함께 묶이는 하나의 고유 명사가 되었습니다.

둘의 경력을 합쳐 건물 중개를 해온 지 25년입니다. 그동안 거래한 금액만 해도 1조 원에 육박합니다. 2024년에는 '부동산 컨설팅 부문'에서 대한민국 우수 브랜드 대상을 받기도 했습니다. 그러나 숫자가 전부는 아닙니다. 그 안에는 수십 차례의 밤샘 협의와 계약서 한 줄을 위해 동분서주했던 날들이 있었고, 고객의 노후와 미래를 함께 고민했던 수많은 순간들이 있었습니다. 저희는 단순히 '건물을 중개하는 사람들'이 아닙니다. 고객의 인생에 가장 중요한 결정을 함께 설계하고, 그 여정의 첫 단추를 제대로 끼워드리는 사람이라 믿습니다. 1조 원의 거래는 결과일 뿐, 저희의 진짜 자산은 '고객과 쌓은 신뢰'입니다. 그리고 그 신뢰 위에서 저희는 오늘도, 내일도 성실하게 중개합니다.

04

집도 없이
건물부터 샀습니다

저희 부부는 계획적인 투자 스타일과는 거리가 멉니다. 특히 남편은 말 그대로 그냥 '저지르고 보는 스타일'이기도 합니다. 처음 부동산 투자를 시작했을 때도 그랬습니다.

"중개 수수료로 2천, 5천씩 벌면 뭐 해. 통장에 들어오자마자 다 써버리는데…."

"그 돈으로 뭐라도 사. 아파트든, 꼬마빌딩이든."

회사 선배들의 이런 말들을 반복해서 들으니 남편도 귀가 따가웠는지 어느 날 저녁, 저에게 이렇게 말했습니다.

"나 잠깐 임장 다녀올게."

그리고 며칠 뒤, 갑자기 방배동에 건물을 사게 되었습니다. 그때부터 저희 부부는 본격적으로 '중개인이자 투자자'가 되었습니다. 하지만 주변의 반응은 잘했다는 사람과 "집도 없는데 무슨 건물이냐"라고 말하는 사람으로 나뉘었습니다. 저는 대수롭지 않게 넘겼지만, 그 말이 남편을 자극했고 일주일 뒤에 덜컥 아파트까지 계약하고 말았습니다.

"우리 돈이 어디 있어서 아파트를 사?"

제가 물었고, 남편은 말했습니다.

"중도금이 두 달 뒤야. 1억씩만 준비하면 돼. 너 1억, 나 1억. 우리는 할 수 있어."

그땐 정말 '미친 사람' 같다고 생각했습니다. 이미 방배동 계약으로 돈을 다 쓴 상황이었기 때문입니다. 그야말로 근거 없는 자신감이라고밖에 말할 수 없었습니다. 하지만 그는 이상할 만큼 실행력이 있는 사람이었습니다. 혼자서 계약서를 쓰고 오더니, 저에게 1억을 준비하라고 했습니다. 결국 우리는 두 달 만에 1억씩을 만들었습니다. 중개 일에 더 집중했고, 사업자 대출도 받고, 그야말로 영혼까지 끌어모았습니다.

그렇게 일주일 차로 건물 한 채와 아파트 한 채를 샀습니다. 결과는 어땠을까요. 4년 만에 방배동 건물은 시세차익으로 9억 정도를 벌었습니다. 아파트는 8억 5천에 샀는데 8억 3천에 내놔도 팔리지 않고 있습니다. 앞으로 점점 인구는 줄어들고, 주요 지역의 좋은 아파트들만 가격이 오를 것입니다. 그래서 저희는 아파트가 팔리면 다시는 아파트에 투자하지 않을 생각입니다.

저희는 이 책을 통해 독자들에게 세 가지 투자 관점을 제시하고 싶습니다. 현 대한민국은 '대학은 무조건 가라, 사회 생활하면서 아파트는 한 채 있어야 한다'는 부모님 세대의 말 때문에 모든 국민이 아파트를 분양받으려고 난리입니다. 또한 많은 사람들이 청약에 목을 맵니다. 하지만 지금 로또 아파트라 불리는 곳들은 청약 점수가 60~70점은 기본이고 사실상 거의 만점이어야 당첨 가능성이 생깁니다. 그러니까 현실적으로 말하자면 로또 확률보다 낮은 곳에 인생을 걸고 있는 셈입니다. 저희는 그보다 훨씬 더 조건이 완화되고 허들이 낮은 수익형 건물에 집중하는 것이 낫다는 생각입니다. 오히려 아파트를 사는 비용보다 적게 투자해 살 수 있는 건물들도 많고, 아파트는 증여세가 너무 크기 때문에 자녀에게 물려주기도 쉽지 않습니다.

게다가 주택은 법인을 통해 매입하는 것이 불가능합니다. 정부가 여러 정책으로 법인의 주택 보유를 막고 있기 때문입니다. 하지만 건물은 다릅니다. 주택이 아닌 상업용 부동산이기 때문에 가족 법인을 통해서도 충분히 매입할 수 있고, 오히려 아이가 어릴 때부터 법인을 만들어 증여를 시작하면, 아이와 함께 그 건물이 같이 성장할 수 있습니다.

예를 들어, 아이가 1살일 때 법인을 만들고 대출을 최대한 활용해 건물을 매입했다고 하겠습니다. 처음에는 풀대출에 가까운 구조일 수 있지만 시간이 지나면서 대출을 갚고, 이자보다 월세가 더 많이 남는 구조로 전환할 수 있습니다. 중간에 건물을 리모델링하거나 수익률이 낮은 세입자 대신 매출이 높은 프랜차이즈 매장을 유치해 임대료를 높이는 전략도 가능하기 때문입니다. 그렇게 하나씩 관리하고 개선하며, 아이와 함께 건물도 키우는 것이지요. 아이가 스무 살이 되면, 그 법인의 일부 지분은 이미 아이의 이름으로 귀속되어 있게 됩니다. 그때 가서 물려주는 것이 아니라, 건물과 함께 자라며 자연스럽게 구조를 만들어가는 것입니다. 사실 이런 이야기는 아무도 해주지 않습니다.

20억짜리 아파트를 살 때는 LTV, DTI, DSR 등 각종 규제가 적용되기 때문에 대출이 10억도 안 나옵니다. 반면, 같은 20억짜리 건물을 살 때는 17억까지도 대출이 나옵니다. 상업용 부동산은 주택이 아니기 때문에 사업자 대출로 70~80%까지 가능합니다. 이제는 '내 집 마련'보다 '가족의 자산 구조를 어떻게 설계할 것인가'에 대한 고민이 필요할 때입니다.

상담을 하다 보면 법인을 운영하면서 사무실을 임차해 쓰는 대표님들이 꽤 많습니다. 위치가 좋으면 임대료가 2~3천이 될 수도 있고, 위치가 좀 안 좋으면 300~400이 될 수도 있는데 그 돈을 차라리 이자로 내면서 그 건물을 사면 자산 가치도 올리고 사옥으로도 쓸 수 있게 됩니다.

중요한 건 삶의 방향을 아파트 한 채에 걸 것인가, 자산을 스스로 설계할 것인가의 문제입니다. 더 이상 '내 집 마련'은 유일한 정답이 아닙니다. 시대가 바뀌었고, 자산을 바라보는 관점도 바뀌어야 합니다. 건물주는 더 이상 나와 먼 세상의 이야기나 자산가들만의 전유물이 아닙니다. 눈을 돌려보면 지금보다 더 유연하고, 더 현실적인 선택지가 이미 우리 곁에 있습니다. 그 선택을 지금 할 수 있는 사람만이 5년 뒤, 10년 뒤에 웃을 수 있을 것입니다.

05

건물 투자는
부자로 가는 엘리베이터다

앞서 말했지만 과거처럼 지역 유지들이나 주유소 사장님들만 건물을 갖고 있던 시대는 지났습니다. 지금은 누구든 정보와 실전 전략만 있다면 충분히 건물주가 될 수 있습니다. 그래서 저희는 매달 한 번씩 '비밀 과외'라는 이름으로 작은 세미나를 엽니다. 몇백 명을 모아놓고 강의하는 대규모 강연이 아니라, 정말 소수의 사람들(10명 안팎)만 모아 정확하고 현실적인 이야기만 나누는 자리입니다.

'비밀 과외'의 주제는 명확합니다. 개인 명의로는 대출이 왜 안 나오는지, 왜 법인을 활용해야 하는지, 대출은 어떤 구조로 풀리는지, 지금 이 시점에서 어떤 지역이 뜨고 있는지, 그리고 오늘 실제로 어떤 사람들이 어떤 건물을 샀는지까지 바로바로 확인하고 분석하는 실전 중심의 클래스입니다.

저희도 진행하면서 놀라운 점은 수강생들이 정말 열정적이라는 것입니다. 적극적으로 질문하고, 피드백도 아낌없이 주며 마치 함께 이 수업을 '만들어 간다'는 느낌을 받습니다. 매주 수업을 준비하면서 이론보다 훨씬 중요한 건 실전이라는 것을 다시 한번 알게 됩니다. 처음에는 법인과 개인의 차이, 세무 상식, 투자 구조 같은 이론적인 내용을 넣었지만 곧 방향을 바꿨습니다. 수강생들이 가장 반응한 건 '실매물 중심'의 수업이었기 때문입니다. 이 물건이 왜 좋았는지, 그리고 왜 한 주 사이에 팔렸는지 그 생생한 흐름을 따라가는 것이 무엇보다 도움이 되었습니다.

저희는 매주 수업을 열 때마다 지난주에 다뤘던 매물이 팔렸는지, 가격은 어떻게 움직였는지, 어떤 스토리가 있었는지 확인하는 시간을 갖습니다. 그 결과 수강생들은 시장의 '속도감'을 체감할 수 있고, 단순히 앉아서 공부하는 걸 넘어 현장에 참여하는 듯한 감각을 갖게 됩니다.

"이 평당 단가라면 주변 시세에 비해 매력적이다."

"이 조건은 명도 이슈가 있었지만, 위치상 재임차가 충분히 가능하다."

"여기엔 초등학교가 있어서 학세권이라는 장점이 부각된다."

이런 분석이 매번 반복되면서, 참가자들은 자연스럽게 '매물을 보는 눈'을 갖게 되고, 수강생마다 자신이 활동하던 지역 이야기를 꺼내고, 다른 지역에 대한 경험을 공유하면서 서로의 시야를 확장시키는 공부가 되고 있습니다. 이런 반응과 참여했던 분들의 입소문 덕분에 지금은 별다른 공지 없이도 매 기수 '비밀 과외'는 빠르게 마감되고 있습니다.

사실 이 비밀 과외를 시작하게 된 계기는 아주 단순했습니다. 기존의 부동산 세미나나 강의들이 너무 일방적이고, 내용도 반복되는 게 많았기 때문입니다. 상권 얘기, 금리 얘기, 시세 흐름, 세무 이야기까지 다 좋지만, 듣고 나면 막상 머리에 남는 게 없다는 피드백이 많았습니다. 그래서 이왕이면 진짜 '과외'처럼 해보자는 아이디어를 내게 된 것입니다. 그렇게 일방적인 정보 전달이 아니라 함께 보고, 분석하고, 서로 질문하고, 저희가 알고 있는 것들을 아낌없이 나누는 '대화의 자리' 같은 수업을 만들었습니다. 매번 끝나고 나면 이런 이야기가 어김없이 들려옵니다.

"오늘도 친정 식구들 만난 것처럼 따뜻했어요."

"이런 분위기라면 매주 만나고 싶어요."

특히 이 자리에 가장 많이 오는 분들은 의외로 '원장 사모님들'입니다. 아이를 키우며 뒤늦게 자산 관리를 시작한 분들 혹은 남편이 잘나가는 병원을 운영 중이지만 정작 자산은 오롯이 병원 수익에만 의존하고 있는 경우가 많습니다.

"우리 남편, 압구정역에서 성형외과를 하는데… 건물이 없어요. 같은 대학교 친구 중에 시술만 하는 평범한 친구는 20~30대 때부터 부동산 투자를 시작해서 지금은 자산이 300억이라는데, 저희는 그동안 뭘 했나 싶어요."

특히 의사는 법인을 만들 수 없습니다. 개인사업자로 모든 소득이 귀속되고, 연간 10억을 벌어도 세금으로 5억 가까이 내야 합니다. 그래서 많은 분들이 그냥 대치동에 아파트 한 채 사놓고 있는 경우가 많습니다. 하지만 그사이 잘 준비한 사람들은 법인을 만들어 건물을 매입하고, 자녀에게 증여 설계까지 끝낸 상태입니다.

또 성수동에서 30년 가까이 사업을 해온 대표님은 동네가 시끄럽고 지저분하다는 이유로 처음엔 땅을 사지 않았고, 그다음엔 너무 비싸다고 포기했습니다. 평당 1,500만 원일 때 "미쳤다"고 말했고, 3천만 원일 때도 "도저히 못 사겠다"고 했습니다. 지금은 평당 3억입니다. 결국 아무것도 못 사고, 여전히 임차인으로 남아 있습니다. 그 대표님이 하는 말은 늘 같습니다.

"그때 한 번만 샀어도… 지금은 못 사요."

저희는 이런 현실을 알고 있고, 그 후회가 반복되지 않도록 돕고 싶은 마음입니다. 투자에서의 친구는 정보력입니다. 좋은 중개인은 물건을 소개하는 사람이 아니라, 경험을 말해줄 수 있는 사람이어야 한다고 생각합니다. 투자를 해본 사람, 법인을 운영해본 사람, 실제로 증여와 자산 설계를 해본 사람이 이야기해주는 말은 다를 수밖에 없습니다. 지식이 아니라, 경험이니까요.

주식은 언제 오르고 내릴지 아무도 모릅니다. 하지만 건물은 다릅니다. 누가 샀는지, 어디가 변하는지 현장을 다녀본 사람은 그 흐름을 볼 수 있습니다. 저희는 그걸 직접 해봤고, 이제는 그걸 유튜브로도, 세미나로도, 책으로도 많은 사람들과 나누고 싶습니다.

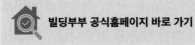 빌딩부부 공식홈페이지 바로 가기

06

중개사가 아닌
건물주를 꿈꿔라

저희 회사에서는 팀장으로 승진하는 기준이 단순한 연차가 아니라, 몇 명의 팀장을 직접 배출했는가로 결정됩니다. 그래서 팀원, 팀장, 이사, 상무, 부대표까지 체계적으로 성장하는 구조인데, 그 과정은 결코 쉽지 않습니다. 저희 역시 팀장을 달기까지 너무 힘들었고, 저희들에게 배운 직원들도 업무 스트레스로 몸과 마음이 아플 정도였습니다.

지금은 과거보다 훨씬 더 빌딩 중개인이 알아야 할 것이 많아졌습니다. 건축법, 세법, 임대차보호법, 건물 관리, 자산 관리까지 종합적인 지식이 필요합니다. 고객들도 정보 접근이 쉬워

졌기 때문에 중개인이 공부를 게을리하면 상담조차 제대로 할 수 없습니다. 또한 과거처럼 '자리만 지키는' 중개 방식은 통하지 않습니다. 이제는 유튜브, 강의, 책 출간, SNS 홍보까지 다양하게 자신을 알리고, 전문성을 보여야 하는 시대입니다.

요즘 빌딩 중개를 시작하는 친구들은 과거보다 여성 비율도 높아졌고, 학력 수준도 훨씬 올라갔습니다. 미국 대학을 졸업한 친구, 대기업에 다니던 20대 후반 청년 등 다양한 배경을 가진 사람들이 뛰어듭니다. 하지만 여전히 퇴사율은 높습니다(그나마 저희 중개 법인은 업계에서 퇴사율이 가장 낮습니다). 왜냐하면 이 일은 정말, 너무 힘들기 때문입니다. 그만큼 상사를 잘 만나야 합니다.

좋은 상사는 계약을 꾸준히 쓰는 사람입니다. 기분이나 상황에 따라 오르락내리락하지 않고, 위기 속에서도 흔들림 없이 계약을 이어가는 사람입니다. 반면, 계약이 없을 때 직원 탓을 하고, 본인 기분에 따라 분위기를 좌우하는 상사를 만나면 반드시 손절해야 합니다. 진짜 좋은 상사는 이렇게 말합니다.

"열심히 중개해서 돈 벌고, 그 돈으로 네 건물을 사라."

"너도 아파트, 건물 소유해서 경제적 자유를 얻어야 한다."

그리고 그 상사 본인이 실제로 그렇게 살고 있는지를 꼭 확인해야 합니다. "술 마시러 가자, 놀러 가자"가 아니라, 삶의 방향을 제대로 잡아주는 선배를 만나야 합니다. 건물 중개는 운이 좋으면 순식간에 통장에 1억이 들어오기도 하는 일입니다. 그때 절제하지 못하면 도박, 유흥으로 무너질 수 있습니다. 주변에서 그런 사람들을 많이 봐왔습니다. 그래서 진짜 성공하려면 돈을 잘 모으고, 스스로 건물주가 되겠다는 목표를 세워야 합니다.

서울대에 가려면 12년을 열심히 공부해야 하고, 의사가 되려면 20년을 갈아 넣어야 합니다. 하지만 사람들은 그렇게까지 노력하고 싶지 않은데, 그들보다 훨씬 더 많은 돈을 벌고 싶어 합니다. 그러면 짧은 시간 동안 미친 듯이 몰입해서 자신의 모든 것을 쏟아부어야 합니다. 건물 중개 일은 체력적으로도 정신적으로도 정말 극한입니다. 하루 종일 발품 팔고, 문전박대 당하고, 욕설도 듣습니다. 구두가 한 달 만에 닳을 정도로 돌아다녀야 합니다. 100명 중 2명만이 살아남고, 그 2명이 진짜 인생을 바꿀 수 있습니다.

멘탈 관리도 중요합니다. 번아웃은 힘들어서 오는 게 아니라, 틈이 생길 때 온다고 생각합니다. 할 일이 너무 많으면 오히려 번아웃이 올 틈도 없습니다. 그래서 매일 쉴 새 없이 집중하고, 플랜을 세우고, 자기관리를 해야 합니다.

결국 모든 빌딩 중개인의 꿈은 '건물주'입니다. 돈 관리를 철저히 하고, 시간 관리를 스스로 하고, 절대 남 탓하지 않고, 오늘 할 일을 묵묵히 하다 보면 반드시 그 꿈에 다가갈 수 있습니다.

PART 2

'빌딩 부부'의
건물 중개 실전 노트

01

건물 중개,
쉽지 않아서 더 가치가 있다

건물 중개를 처음 시작했을 때 가장 어려웠던 점은 준비해야 할 것이 너무나도 많다는 사실이었습니다. 건물 한 채를 제대로 중개하기 위해서는 변호사, 세무사, 건축사에 준하는 지식이 필수였고, 관련 법은 수시로 바뀌기 때문에 지속적으로 공부해야 했습니다. 법률, 세무, 건축, 상권 분석까지―이 모든 것을 공인중개사 한 사람이 감당해야 했지요. 가령 세무 지식만 해도 단순한 수준이 아니었습니다. 감히 말하자면, 건물 중개에 필요한 세무 지식은 웬만한 세무사보다 더 실전적이고 구체적으로 알고 있어야 합니다. 임대차나 매각 시 절세 방안, 법인 간 거래 구조

등은 중개사가 실시간으로 브리핑하고 조율해야 하기 때문에 세무사급의 이해력이 필수입니다. 변호사나 법무사보다 더 정확한 민법적 해석이 요구되는 순간도 많습니다. 고객은 중개인을 통해 건물 매입에 대한 모든 판단을 하고 싶어 하기 때문에 세무든 법무든 "이렇게 하시면 됩니다"라는 명확한 가이드를 기대하는 경우가 많습니다. 그래서 저희는 직원들에게도 이 모든 내용을 체계적으로 교육하고 있습니다. 실제로 세무사를 도와 코칭해주거나 은행 지점장에게 사업자 대출 프로세스를 설명해준 적도 있을 정도입니다. 변호사들과도 대화가 통할 만큼 실무적 깊이를 쌓았고, 어떤 중개 현장에서는 저희가 전문가들보다 빠르고 정확하게 문제를 해결한 적도 있습니다.

또 하나의 큰 어려움은 '상권 인지'입니다. 저희는 강남구 매물만 다루지 않습니다. 고객 중에는 강남을 보다가도 갑자기 김포, 의정부, 노원, 방배동으로 관심을 돌리기도 합니다. 전국을 다 커버하려면, 수도권은 물론 지방 주요 상권까지도 직접 걸어 다니며 익혀야 합니다. 실제로 가보지 않고는 절대 피부로 느낄 수 없는 분위기와 흐름이 있기 때문에 끊임없이 현장에 나갈 수밖에 없습니다.

특히 초보 직원들은 하루 10시간씩 걸어 다닙니다. 매물 위치를 확인하고, 해당 지역에 어떤 프랜차이즈가 들어와 있는지,

옷 가게가 잘 되는지, 식당 장사는 어떤지, 직접 점포에 들어가 "요즘 어떠세요?"라는 질문을 던지며 지역의 '온도'를 체감해야 합니다. 가로수길이 왜 핫해졌는지, 제2의 가로수길은 어디가 될지 예측하기 위해서는 직접 발로 뛰는 수밖에 없습니다. 하지만 상권만 아는 것도 전부가 아니지요. 건물의 테마와 구조, 임대 방식까지도 빠삭하게 꿰고 있어야 합니다. 예를 들어, 공유오피스가 어떤 조건에서 입점하는지, 하이브리드 임대차 계약이 무엇인지, 매출 연동형 임대계약이 어떤 수익 구조를 가지는지에 대해서도 모두 숙지하고 있어야 합니다.

최근에는 호스텔, 모텔, 에어비앤비 등 숙박업 건물도 문의가 많아졌습니다. 그래서 단순히 매물만 연결하는 것이 아니라 운영 방식, 허가 조건, 필요한 인허가 서류까지 모두 설명할 수 있어야 합니다. 서울시가 숙박업 건물에 용적률 인센티브를 주려다가 코로나로 흐름이 바뀐 상황, 최근 공급 부족으로 인해 호텔 수요가 다시 살아나는 현상까지도 빠르게 캐치해야 합니다. 심지어 프랜차이즈 본사와 직접 접촉하는 일도 있습니다. "이 건물 괜찮으니 입점해보세요"라며 본사 영업을 함께 해주기도 했고, 건물주와 함께 어떤 브랜드를 유치하면 좋을지 전략을 짜기도 합니다. 이는 단순한 중개가 아니라, 마치 건물주의 파트너로서 마케팅까지 함께 하는 셈입니다.

이렇듯 시장과 브랜드 트렌드는 빠르게 바뀝니다. 한때는 스타벅스가 들어오면 '건물 가치가 오른다'는 말이 있었지만, 지금은 오히려 수수료율이 낮아져 선호도가 떨어졌습니다. 몇 년 전만 해도 스타벅스의 수수료율이 17~20%였지만, 지금은 11% 수준으로 내려왔습니다. 고정 수익이 줄어들었기 때문에 임대인 입장에선 스타벅스 입점이 더 이상 최고의 선택이 아닐 수도 있게 되었습니다.

저희는 요즘 잘나가는 요거트 브랜드의 임대 조건, 가맹비, 인건비, 예상 수익까지 분석해 두었다가 해당 업종의 가맹본부에 직접 연락해 "이 지역 괜찮으니 입점해보시죠"라는 제안을 하기도 했습니다. 결국 빌딩 중개는 단순히 '건물 하나를 사고파는 일'이 아닙니다. 세무사, 변호사, 건축사, 마케팅 전문가의 역할을 한 몸에 품고 있어야 하고, 전국의 상권을 다 꿰뚫고 있어야 합니다. 그리고 그 모든 걸 실무로 소화해내야만 이 업계에서 살아남을 수 있습니다.

실제로 100명이 입사하면 3년 뒤 남는 사람은 단 1명뿐입니다. 그만큼 준비할 것도, 체화해야 할 것도 많습니다. 하지만 이 모든 어려움을 이겨내고 치열하게 공부한 중개인은 결국 시장에서 독보적인 경쟁력을 갖게 됩니다. 그래서 대기업 부동산 팀에서 저희 같은 중개인을 고액 연봉으로 스카우트하려는 사례도 자주 일어나는 일입니다.

하지만 저희는 결국 '중개'의 현장에서 더 큰 보람과 가능성을 느낍니다. 공부해야 할 것도, 준비할 것도 많지만, 그래서 더 크게 성장할 수 있었다고 생각합니다. 그리고 이 일을 '직업'이 아닌 '천직'이라 느끼게 된 것도, 바로 이런 깊이와 역동성 때문입니다.

02

좋은 공인중개사를
만나는 방법

건물 중개를 맡기려는 고객의 입장에서, 강남에서 손꼽히는 공인중개사 5명을 앞에 세워놨다고 해도 누구와 일하느냐에 따라 결과는 완전히 달라집니다. 모두 실력자이겠지만, 고객의 전 재산이 걸린 투자 앞에서 가장 신뢰할 수 있는 사람을 선택하는 안목은 투자자로서 필수라고 할 수 있습니다. 저희 역시 공인중개사 입장에서 'TOP 5' 안에 들기 위해 끊임없이 공부하고 연구하며 실력을 키워가고 있습니다. 하지만 그 무엇보다 중요한 기준은 따로 있습니다. 바로 기본 태도입니다.

매출이 지나치게 높은 중개인은 그 배경을 유심히 들여다봐야 합니다. 정말 능력 있어서 잘하는 사람일 수도 있지만, 예상보다 훨씬 많은 수익을 거두는 경우라면 사기일 가능성도 존재하기 때문입니다. 고객은 그 차이를 잘 구분하지 못합니다. 단순히 '유명하다', '돈을 많이 벌었다'는 이유만으로 신뢰하게 되는 경우가 많은데, 그 기준만으로 중개사를 선택하는 것은 매우 위험합니다. 그래서 저희는 마케팅에서도 늘 담백함을 지향하고, 언제나 공인중개사로서의 본분을 잊지 않으려고 노력합니다. 공인중개사는 어디까지나 '중개'를 하는 사람이지, 고객의 돈으로 '사업'을 해서는 안 됩니다. 고객의 자산을 끌어들여 이것저것 해보려는 순간, 그건 사기와 다를 바가 없습니다. 정해진 수수료 외에 부가적인 비용을 요구하며 수익을 챙기려는 태도는 중개인으로서 자질이 없는 것과 마찬가지입니다.

실제로 일부 중개 법인은 투자자를 모집하고, 그 자금을 모아 공동 투자 형식으로 수백억짜리 건물을 매입하곤 합니다. 5억, 10억씩 가진 투자자들을 모아 마치 자산운용사처럼 굴리는데, 이는 명백한 불법입니다. 투자자 모집과 자금 운용은 증권사나 자산운용사가 해야 할 일입니다. 중개업자가 직접 이 일을 하려면 관련 자격을 갖춰야 합니다. 그런데도 중개 수수료 외에 프로젝트 매니징(PM) 비용, 컨설팅 비용 등의 명목으로 수천만 원씩 더 받는 사례가 존재합니다. 그런 업체는 유튜브나 SNS

를 통해 고급 외제 차, 시그니엘 레지던스 등의 호화로운 라이프 스타일을 내세우며 마케팅을 합니다. 이를 본 사람들은 '대단하다', '능력 있다'고 생각하며 신뢰를 가지지만, 그 안을 들여다보면 투자자들이 발을 빼지 못하고 피해를 보는 구조가 숨어 있습니다.

저희는 이와 같은 행태를 경계합니다. 공인중개사라면 정직하게 수수료를 받고, 자신이 할 수 있는 역할에만 집중해야 한다고 믿기 때문입니다. 고객의 전 재산이 걸린 거래 앞에서 '이것도 해드릴게요', '저것도 맡겨 주세요' 하며 무리하게 영역을 확장하는 순간 신뢰는 무너집니다. 공인중개사는 중개만 하면 됩니다. 매매 계약서를 작성하고, 계약서를 쓴 후 잔금일에 입회하면 그 역할은 끝납니다. 그 이후는 매수자와 매도자의 몫이지요. 그런데 요즘 시장에서 건물 중개를 하기 위해서는 단순한 계약서 작성뿐 아니라, 전체 프로세스에 대한 컨설팅이 어느새 필수처럼 자리 잡았습니다. 고객들은 매입부터 대출, 법인 설립, 리모델링, 임차인 관리, 세무 전략까지 전 과정을 함께 고민해주는 중개인을 원하게 된 것이지요. 저희는 그 역할을 해내면서도 법정 수수료인 0.9% 이상은 요구하지 않습니다. 0.9%의 수수료만으로 수억 단위의 종합 컨설팅을 하는 셈입니다. 하지만 그게 바로 저희가 지켜온 기준입니다.

최근엔 대출 이슈 때문에 고민이 많았습니다. 은행이 대출을 제한하면서 거래가 지연되거나 무산될 뻔한 적도 있었습니다. 그럴 때마다 저희는 은행 지점장에게 연락해 상황을 설명하고, 구조를 다시 짜며 해결책을 찾아갔습니다. 사실 이건 건물을 사는 고객이 해결해야 할 문제입니다. 그런데도 저희는 그들의 일처럼 동분서주했습니다. 과연 아파트 중개를 하는 동네 부동산에서 이런 서비스를 기대할 수 있을까요? 저희는 매수자가 계약금과 잔금을 안전하게 치러야 하기에 리스크를 줄이기 위해 끊임없이 움직이고 있습니다.

최근 부동산 마케팅과 홍보 방법이 매우 다양해지다 보니 여러 SNS를 통해 중개인뿐만 아니라 일반 투자자들도 본인의 의견이나 매물을 공유하는 시대가 되었습니다. 그러나 이런 흐름 속에서 우려스러운 점이 나타났습니다. 바로 중개인이 아닌 일반 투자자가 중개인과 협업하여 별도의 수수료를 받거나 불법적인 형태로 수익을 창출하는 구조에 대한 문제입니다. 수수료 셰어는 과거에도 존재했습니다. 프로젝트를 함께 하거나 지인을 소개해주는 경우, 고마움의 표시로 금전적 보상을 하거나 식사를 대접하는 일은 인간적인 관계에서 자연스러운 일이었습니다. 과거에도 수수료의 10%에서 30%를 인사 차원에서 나누는 경우가 있었고, 이는 중개업계에서는 암묵적으로 허용되던 문화였습니다.

하지만 최근 문제가 되고 있는 부분은 다릅니다. 중개 수수료 자체를 깎도록 조언하거나 중개인 몰래 매물 정보를 대량 유출하는 방식으로 매수자를 끌어모으고, 그 대가로 별도의 수수료를 챙기는 구조도 생기고 있습니다. 이는 매우 위험하며 부동산 시장 질서를 교란시킬 수 있습니다.

우선, 현재 공인중개사가 받을 수 있는 최대 수수료는 0.9%입니다. 이 0.9% 안에는 계약부터 잔금까지 그리고 이후 관리까지 모든 절차를 책임지는 서비스가 포함되어 있습니다. 중개인은 이 수수료를 기반으로 직원 월급, 사무실 임대료, 광고비 등 운영비를 부담하고 있습니다. 그런 가운데, 중개사가 직접 발품 팔아 찾은 매물을 아무 대가 없이 외부에 유출하는 것은 명백한 위법 행위이며, 실제로 매물 유출로 인해 수억 원대 벌금이 부과된 사례도 있습니다.

더욱 우려스러운 점은, 일부 인플루언서들이 '좋은 물건을 골라주겠다'는 명목으로 여러 중개 법인의 매물을 오픈 채팅방 등에 무분별하게 공유하고 있다는 점입니다. 이들은 공식적으로 중개 법인을 운영하지 않으며, 매매 책임도 지지 않습니다. 매수자는 이러한 구조가 위험하다는 사실을 인지하지 못한 채 매물을 공유하고, 결과적으로 법적 책임을 지게 될 수 있습니다.

실제로 부동산 매물 자료에는 대부분 '외부 유출 금지'라는 문구가 명시되어 있습니다. 매수자가 오픈 채팅방 등에 매물 정보를 공유할 경우, 법적으로 큰 문제가 발생할 수 있으며, 매물 제공 중개 법인은 유출자를 상대로 소송을 제기할 수 있습니다.

부동산 시장에서는 중개인과 매수자가 계약서에 서명함으로써 모든 법적 책임을 지는 구조입니다. 매수자는 단순 조언을 제공하는 인플루언서가 아니라, 법적 책임을 질 수 있는 정식 중개사와 거래해야 합니다. 정상적인 부동산 시장의 흐름을 지키기 위해서는 이러한 위험한 관행을 경계해야 합니다.

선의로 건물 투자 공부를 돕거나 정당한 컨설팅을 제공하는 활동은 충분히 긍정적입니다. 그러나 과도한 수수료 셰어, 불법적 매물 유출, 무책임한 조언 등은 장기적으로 시장을 왜곡시키고, 매수자에게 큰 피해를 줄 수 있습니다. 이러한 비정상적인 구조는 결국 부동산 업계 전체의 신뢰를 떨어뜨리게 될 것입니다. 정상적이고 책임 있는 방법으로 매수자에게 도움을 주는 방향으로 시장이 나아가야 합니다.

중개사 입에서 '투자, 공동 투자, 고수익 보장'이라는 말이 나오면 우선 걸러야 하고, 수수료 외의 금액을 요구한다면 한 번 더 의심해야 합니다. 좋은 중개인은 '기본'을 지킵니다. 과도한 수익보다 고객을 먼저 생각하는 사람이 진짜 실력자입니다. 중개인을 고를 땐, 무엇을 말하는지가 아니라 '어떻게 행동해왔는 가'를 살펴야 합니다. 이 기준을 아는 것만으로도 당신의 전 재산을 지키는 데 큰 도움이 될 것입니다.

‖ 좋은 중개인을 고르기 위한 10가지 체크 리스트 ‖

1	공인중개사 자격증 보유 여부	등록번호, 자격증 확인 필수 (공식 사이트에서 조회 가능)
2	투자 권유, 공투(공동 투자) 등 불법 행위 여부	"함께 투자하자", "수익 보장된다" 등의 발언이 있다면 즉시 경계
3	수수료 요구 기준	법정 최대 수수료(0.9%) 외에 별도 컨설팅비 요구 여부 확인
4	계약 이외 업무에 대한 태도	대출 구조, 법인 설립, 임차인 매칭 등 부가 업무를 '진심으로' 돕는가
5	중개 이력이 풍부한가	단순 매매가 아닌 빌딩 매입·운영·명도·세무까지 경험이 있는가
6	담백하고 균형 잡힌 마케팅	고급 차, 고급 집을 앞세운 과한 이미지 홍보는 신뢰보다 위험 신호
7	설명력과 소통 방식	고객이 이해할 수 있도록 차분히, 논리적으로 설명해주는가
8	지역/상권/용도 관련 인사이트	거래 지역의 수요 흐름, 업종 특성, 트렌드 변화에 대한 식견이 있는가
9	법적, 세무적 기본 지식	세무사, 변호사 수준까진 아니더라도 절세 전략·공법 규제 이해도가 있는가
10	계약 이후 대응	계약 후에도 잔금, 대출, 명도 등에서 적극적으로 대응해주는가

03

제대로 된 빌딩 중개 법인을 찾아야 하는 이유

본격적으로 '빌딩만' 전문적으로 다루는 중개 법인이 생긴 건 2011년부터입니다. 그전까지만 해도 1층 부동산에서 아파트, 상가, 토지와 함께 건물까지 '토탈 중개'를 하는 것이 일반적이었습니다. 하지만 지금은 '빌딩 전문 중개 법인'이라는 개념이 어느 정도 자리를 잡았고, 그만큼 이 시장에 뛰어드는 사람들도 늘었습니다. 그러나 시장의 깊이에 비해 생존율은 높지 않습니다. 빌딩 중개는 진입 장벽이 높은 영역이기 때문입니다. 고객이 워킹으로 들어오는 업종도 아니고, 초반에 투자되는 인력과 자금이 막대합니다. 게다가 아파트처럼 오픈된 DB 시스템도 존재하지 않습니다. 직방이나 다방, 네이버 부동산처럼 건물 매물 정보를 한눈에 볼 수 있는 플랫폼도 없습니다. 실제로 부동산 플랫폼에서 확인할 수 있는 건물 매물은 대부분 도움이 되지 않는 수준의 정보입니다. 진짜 매물은 오픈되지 않습니다. 그래서 '빌딩 매물은 좋은 중개인을 만나야만 볼 수 있다'는 말이 아직도 통용되는 것입니다. 그만큼 폐쇄적이고, 그만큼 내부 네트워크가 중요합니다. 그래서 누군가가 건물을 사겠다고 마음먹었을 때 '어떤 중개인을 만나느냐'가 결과를 좌우합니다.

요즘은 중개 법인도 많고, 홍보하는 유튜브 채널도 넘쳐납니다. 하지만 그중에서 정말로 믿을 만한 중개 법인을 어떻게 찾을 수 있을까요? 다음 세 가지 조건을 반드시 체크해야 합니다.

첫 번째는 '매물을 얼마나 보유하고 있는가'입니다. 중개 법인이 실제로 다루는 진짜 매물이 얼마나 많은가를 살펴봐야 합니다. 단순히 '있는 것처럼 보이는 매물'이 아니라, 실제로 내부 DB가 탄탄하고 정기적으로 거래가 일어나는 매물을 보유하고 있는지를 확인해야 합니다. 홍보용 매물만 올리는 중개 법인은 위험합니다.

두 번째는 '소속 중개인이 전문성을 갖추었는가'입니다. 소속 중개인들이 실제 공인중개사 자격을 갖췄는가도 중요한 요소입니다. 계약서만 쓰는 중개인이 아니라 거래의 처음부터 끝까지 책임질 수 있는 공인중개사인지, 그리고 중개 외에 이상한 사업에 손대고 있지는 않은지 봐야 합니다. 요즘에는 고객의 돈을 끌어와서 함께 투자한다거나 공동 투자 명목으로 신축을 진행하며 수수료 이상의 돈을 요구하는 사례가 빈번합니다. 이는 중개 범위를 넘어서는 행위로, 자산운용사나 투자전문가가 아닌 이상 법적으로도 문제가 될 소지가 다분합니다.

요즘처럼 중개 법인이 우후죽순 생겨나는 시대일수록 '어디'에서 '누구'와 하느냐가 중요합니다. 공인중개사 자격증 소지 비율도 확인 포인트 중 하나입니다. 어떤 법인은 100명 중에 10명만 공인중개사이고 나머지는 보조원인 경우도 있습니다. 고객 입장에서 계약서를 쓰는 사람이 공인중개사가 아니라면 문제가 발생했을 때 법적 책임도 모호해질 수 있습니다.

세 번째는 '지속성과 브랜드 신뢰도를 갖췄는가'입니다. 번지르르한 중개 법인에 소속되어 있다고 해서 이 중개인이 앞으로도 계속 이 업계에 남아 있을지는 알 수가 없습니다. 처음엔 잘해주는 듯하다가 계약 후 연락이 끊기는 사람들도 많고, 막대한 중개 사고를 일으켜 놓고 잠적하는 사람들도 많습니다. 그래서 브랜딩을 성실히 하고 있는 중개 법인과 중개인을 고르는 것이 중요합니다. 영상이나 콘텐츠, 블로그, 책 등 자신을 꾸준히 드러내고 있는 중개인은 도중 하차할 확률이 낮고, 장기적으로 믿고 거래할 수 있습니다.

　　결국 중요한 건 매물, 윤리, 지속성 이 세 가지 요소를 갖춘 중개 법인을 만나는 것이 수십억짜리 건물을 사는 사람에게 가장 중요한 '성공 조건'이라는 점입니다. 그 기준으로 본다면 어디가 좋은 중개 법인이고, 좋은 중개인인지 자연스럽게 드러날 것입니다.

04

주택 중개와
빌딩 중개의 차이점

주택 중개와 빌딩 중개의 가장 큰 차이는 '사는 이유'와 '보는 포인트'가 완전히 다르다는 것입니다. 주택을 매입하는 사람들의 핵심 판단 기준은 '거주'에 있습니다. 물론 시세차익을 고려하는 경우도 있지만, 기본적으로는 자신이 살 공간으로서의 적합성을 가장 먼저 봅니다. 그래서 중요한 건 생활 인프라죠. 가까운 마트, 병원, 음식점, 교통, 그리고 특히 자녀가 있는 가정이라면 학군이 결정적인 요소가 됩니다. 또한 직장까지의 동선이나 출퇴근 거리도 주택 선택에 큰 영향을 미칩니다. 이런 실거주 목적의 구매자들은 주변 환경과 생활 편의성을 중심으로 판단하며, 때로는 본인이 거주하는 층 외에 일부 임대 수익이 가능한 구조를 선호하기도 합니다. 예를 들어, 다가구 주택을 매입한 후 자신은 1층에 살고, 2층과 3층을 임대해 수익을 얻는 구조입니다.

반면 건물 중개는 완전히 다른 결로 진행됩니다. 건물을 사는 사람들은 철저히 '수익성'이나 '투자 가치'를 중심으로 접근합니다. 실거주 여부는 전혀 고려 대상이 아니지요. 오히려 매입 목적이 임대 수익을 얻기 위한 것인지, 아니면 시세차익을 노리는 것인지로 나뉩니다. 두 가지 목적에 따라 매입 기준이 극명하게 달라집니다.

임대 수익형이라면 매입가 대비 임대료가 얼마나 나오는지를 따집니다. 즉 '수익률'이 관건입니다. 이때는 임차인 구성, 공실 여부, 업종, 보증금/월세 조건, 계약 기간 등 하나하나가 중요한 판단 요소가 됩니다. 시세차익형이라면 오히려 임대수익이 없어도 됩니다. 저평가된 땅, 급매물, 핵심 입지에 있는 멸실 가능 건물, 미래 개발 호재가 있는 지역 등이 주요 타깃입니다. 주택은 감정이 섞이지만, 빌딩은 계산기 두드려서 결정하는 쪽에 더 가깝죠. 그래서 고객들이 "이 근처 마트가 어때요?", "학군이 괜찮나요?"라고 묻는 일은 없습니다. 대신 "임차인은 누구인가요?", "이 상권은 유동 인구가 어떻게 되죠?", "향후 용도 변경은 가능한가요?"와 같은 질문이 주가 됩니다.

저희는 주거용 주택은 중개하지 않습니다. 대신, 주택으로 돼 있는 건물이지만 리모델링이나 용도 변경이 가능한 물건은 중개합니다. 예를 들어, 대치동의 다가구 주택을 매입해 전면 철거한 뒤 신축 건물로 재탄생시키고, 학원 임차인을 유치해 높은 수익을 얻는 식입니다. 이처럼 주택의 물리적 형태를 건물의 수익 구조로 전환하는 일도 저희가 중개하는 건물의 범주에 들어갑니다.

무엇보다 저희 부부는 직접 아파트와 빌딩 모두에 투자해본 경험을 갖고 있습니다. 그 체험을 통해 확실히 깨달은 건, 건물이 훨씬 투자 가치로서 낫다는 점입니다. 저희가 매입했던 아파트는 몇 년이 지났지만, 제값도 못 받고 월세 수익도 얻지 못했습니다. 하지만 건물은 꾸준히 임대료가 들어오고, 시세도 올랐습니다. 실거주용 아파트는 오히려 돈을 묶어두는 자산이 되는 반면, 건물은 현금 흐름을 만들어주는 자산이었습니다. 그래서 현재는 아파트를 처분하려고 합니다. 만약 무주택 상태에서 다시 시작할 수 있다면, 저희는 망설임 없이 '임대수익이 가능한 건물'을 먼저 샀을 것입니다. 그렇게 했으면 세제 혜택까지 누릴 수 있었고, 건물의 자산 가치를 더욱 전략적으로 키울 수 있었을 것입니다.

만약 당장 누군가가 "지금 5억 정도 자금이 있는데 아파트를 살까요, 건물을 살까요?"라고 묻는다면, 저희는 단호하게 건물을 추천할 것입니다. 아파트는 시세차익을 내기도 쉽지 않고, 임대수익도 없으며, 인구 감소로 인해 점점 더 수익성이 떨어질 수밖에 없기 때문입니다. 그러나 건물은 시세차익이든, 임대수익이든 두 마리 토끼를 모두 잡을 수 있는 가능성이 열려 있습니다. 직접 겪어보았기에 더 확신할 수 있습니다. 주택이나 아파트보다 지금 이 시대엔 건물이 답입니다.

05

'어디에 투자하면 좋아요?'라는 질문은 의미가 없다

저희가 가장 많이 듣는 질문 중 하나는 "어디에 투자하면 좋아요?", "요즘 뜨는 지역이 어딘가요?"라는 말입니다. 특히 건물 중개를 하다 보면 이런 질문에 점쟁이처럼 답을 내려주길 기대하는 경우가 많습니다. 하지만 단호하게 말할 수 있습니다.

"지역은 중요하지 않아요. 평당 가격과 건물을 살펴봐야죠."

저희는 특정 지역을 중심으로 투자 포인트를 정하지 않습니다. 강남 3구, 마포구, 용산구, 성동구… 이름만 들어도 '떴다' 소리가 나오는 지역일지라도, 평당 가격이 이미 고점인 곳에 진입하는 것은 투자로서 타이밍이 늦은 것입니다. 그보다는 그 지역의 평균 시세보다 비정상적으로 싸게 나온 물건, 또는 공실이 적고 임대 구성이 안정적인 건물을 찾는 것이 훨씬 더 낫습니다.

예를 들어, 강북의 한 건물이 평당 시세가 5천만 원인데, 매물이 3천만 원에 나왔다면 그 지역이 어디든 충분히 매력적인 투자 대상이 될 수 있습니다. 반면, 강남이라는 이유만으로 시세에 맞춰 무조건 비싼 가격에 매입한 뒤, 향후 시세차익이 날 때까지 오랜 시간 기다려야 하는 경우라면 오히려 수익률이 떨어질 수도 있습니다. 즉, 중요한 건 '어디인가'가 아니라 '얼마에 사느냐', 그리고 '무엇을 사느냐'입니다.

그래서 저희는 고객에게 무조건 "이 지역이 좋습니다"라고 권하지 않습니다. 사람마다 자산 상태, 투자 성향, 라이프스타일이 다르기 때문입니다. 젊은 창업자라면 시세차익을 노린 공격적인 투자를 할 수 있습니다. 지가가 빠르게 오를 가능성이 높은 마포, 용산, 강남 일부 지역은 매입 시점이 늦지 않다면 좋은 결과를 가져다줍니다. 반면, 은퇴를 앞둔 분이거나 고정적인 수입을 바라는 경우라면 이야기가 달라집니다.

저희가 실제 중개한 사례로, 은퇴를 앞둔 한 고객은 공실 위험이 적고, 안정적으로 임대수익이 발생하는 일산의 50억대 건물을 선택했습니다. 30곳이 넘는 임차인이 입주해 있고, 소비 수요가 탄탄한 지역에 위치한 이 건물은 은퇴 후 생활비를 안정적으로 확보할 수 있는 '연금형 빌딩'이었습니다. 그러나 똑같은 건물을 30~40대 창업가에게 보여줬다면 아마 매입하지 않았을 것입니다. 이들은 수익률보다 자산 가치 상승의 속도를 더 중요하게 보기 때문입니다.

진짜 실력 있는 중개인은 먼저 사람을 봅니다. 저희는 처음 만나는 고객과 최소 1~2시간 이상 심층 상담을 합니다. 어디에 살고 있는지, 어릴 적 자란 지역은 어디인지, 친정이나 시댁(처가)은 어디에 있는지, 현재 직장은 어디인지, 연소득은 얼마나 되는지, 이 건물을 매입하려는 목적은 무엇인지 등… 마치 심리 상담하듯이 오랜 시간 대화를 나눕니다. 그리고 고객의 재정 상태, 삶의 리듬, 리스크 감내 수준을 파악해 적절한 건물을 제안합니다. "지금 이 물건은 수익이 높지만 상권 위험이 있으니 당신의 현재 상황에서는 조금 더 안정적인 쪽이 낫다" 혹은 "지금은 매출보다 자산을 키워야 할 시기니까, 이 정도 이자는 감수하더라도 성장 가능성이 있는 지역으로 가는 것이 좋겠다" 등의 설명을 듣고 고객이 직접 납득하는 과정을 거칩니다.

문제는 대부분의 중개인들이 이 과정을 생략한다는 점입니다. 매물이 없기도 하고, 가지고 있는 물건 중 아무거나 "좋은 지역이다"라며 권유하는 일이 흔합니다. 이는 고객에게 매우 위험한 일입니다. 물론, 데이터도 중요합니다. 매년 거래량 기준으로 보면 상위 지역은 1위는 강남구, 2위는 중구, 3위는 서초구로 거의 고정되어 있습니다. 그러나 이것이 "무조건 강남, 중구, 서초에 있는 건물을 사라"는 의미는 아닙니다. 거래량이 많은 건 인프라와 수요가 집중돼 있다는 뜻일 뿐, 개별 매물의 가치나 고객의 니즈를 대변하는 건 아닙니다.

그래서 저희는 "투자하기 좋은 지역은 없다. 평당가와 공실률, 그리고 당신의 목적만 있을 뿐이다"라고 고객들에게 말합니다. 건물을 투자 대상으로 바라볼 때 "이 지역이 좋대요", "요즘 이 동네가 뜬대요" 하는 말로만 접근하면 절대로 안 됩니다. 진짜 중요한 건, 각자의 조건에 맞는, 자신의 계획에 맞는, 감당할 수 있는 투자 구조를 짜는 것입니다.

중개인이 매수자에게 하는 기본 질문

1. 기본 정보

- 건물을 매입하려는 목적이 무엇인가? (투자/직접 사용/임대수익 등)
- 매입자의 개인/법인 여부는 어떻게 되는가?
- 현재 보유 중인 부동산이 있는가?
- 자산 포트폴리오 구성은 어떻게 되는가?

- 이번 매입에서 가장 중요하게 생각하는 요소는 무엇인가?

2. 예산 및 금융

- 총 예산은 어느 정도인가?

- 자기 자본은 얼마 정도 준비되어 있는가?

- 대출에 대해 공격적인가, 보수적인가?

- 공동담보를 할 수 있는 다른 부동산이 있는가?

  (아파트, 토지 등 본인 명의가 아니어도 됨)

- 수익률 기대치는 어느 정도인가?

3. 지역 및 입지 선호

- 선호하는 지역(구체적인 동이나 거리 등)은 어디인가?

- 지금 사는 곳은 어디인가?

- 부모님이 사는 곳은 어디인가?

- 아이의 학교는 어디인가?

- 외식을 하거나 지인을 만날 때 자주 가는 지역은 어디인가?

4. 직접 사용할 경우

- 직원(건물 사용자)의 수는 몇 명인가?

- 필요한 평수가 얼마나 되는가?

- 업무의 특성상 필요한 특수 공간이 있는가?

  (지하 스튜디오, 층고 4m 이상 등)

- 필수 주차 대수는 몇 대인가? (대형 차량 사용으로 자주식이 필수인가?)

- 엘리베이터가 필요한가?

- 지금 사용하는 사무실의 위치는 어디인가?

- 그 외 필수적으로 필요한 부분이 있는가?

5. 건물 용도

- 원하는 용도는 무엇인가? (사무실/상가/숙박/교육 등)

- 건물 전체를 사용할 예정인가, 일부만 사용할 예정인가?

- 리모델링 또는 재건축 계획이 있는가?

- 바로 사용해야 하는 계획이 있다면 입주일이 언제인가?

6. 임대 관련

- 전 층 임차인을 유지할 계획인가?

- 직접 일부 층을 사용할 계획이라면 몇 층을 희망하는가?

- 희망하는 수익률이 있는가?

- 임대 관리는 직접 할 계획인가, 자산관리를 맡길 계획인가?

- 임대차 계약 조건에 대해 우선 고려하는 요소는 무엇인가?

7. 기타 상황

- 매입 시점은 언제로 계획하고 있는가?

- 건물을 검토한 지 얼마나 되었는가?

- 최근에 본 매물 중 마음에 든 것이 있었는가?

- 아이는 몇 명인가?

- 가족 법인을 예정 중인가 혹은 이미 있는가?

- 현재 직업은 무엇인가?

- 현재 연봉은 어느 정도인가?

　　건물 투자를 검토할 때 저희는 '사는 것'보다 '파는 것'을 먼저 생각합니다. 이 건물을 매입한 후 3년이나 5년 뒤에 과연 얼마에 팔 수 있을까, 환금성이 얼마나 될까를 가장 중요한 기준으로 삼습니다. 건물을 매수할 때 단순히 지금 상태나 임대수익만을 보는 것이 아니라, 미래의 매도 가능성과 수익을 예측하고 접근하는 것입니다.

　　두 번째로는 임차인의 입장에서 생각하는 것입니다. 단순히 지역이나 평당가만 보는 것이 아니라, 내가 임차인이라면 이 건물에 들어와 사업을 잘할 수 있을지, 직원들의 출퇴근은 용이한지, 주변에 먹거리나 편의시설은 충분한지 등을 종합적으로 고려합니다. 건물주 입장이 아니라 철저히 '세입자'의 입장에서 건물을 바라보는 시각이 중요합니다. 결국 임차인이 만족해야 임대료를 제때 낼 수 있고, 공실률도 줄일 수 있기 때문입니다.

또한, 건물의 구조적 요소도 세심하게 살핍니다. 예를 들어, 같은 100평 건물이라도 기둥의 위치나 내부 설계에 따라 활용도가 완전히 달라질 수 있습니다. 코어(계단과 엘리베이터)가 중앙에 있느냐, 옆에 있느냐에 따라서 한 층 전체를 쓰려는 임차인에게는 치명적인 차이가 생깁니다. 층고, 기둥 위치, 엘리베이터 유무, 그리고 주변 경쟁 건물과 비교했을 때의 상대적 경쟁력 등을 모두 종합적으로 살펴야 합니다.

하지만 아무리 많은 조건을 고려한다고 해도, 모든 걸 완벽하게 충족하는 건물은 세상에 존재하지 않습니다. 그렇기 때문에 건물 투자에서는 자신의 우선순위를 명확히 정하는 것이 중요합니다. 예를 들어, "나는 가격이 최우선이다"라고 정했다면 나머지 조건들은 어느 정도 감수해야 합니다. 반면 "나는 위치가 제일 중요하다"고 하면 다소 높은 가격도 받아들여야 합니다. 100점짜리 건물은 없습니다. 오히려 하나의 요소가 100점이면, 다른 부분은 0점이어도 감수해야 할 때가 있습니다.

건물은 아파트처럼 균일한 상품이 아닙니다. 부동산의 가장 큰 특성인 '개별성' 때문입니다. 같은 상권 안에 있어도 건물 구조나 관리 상태에 따라 가치가 완전히 달라집니다. 그래서 투자자는 자신의 상황과 목적에 맞는 건물을 선택해야 하고, 중개인의 역할은 고객의 니즈를 정확히 파악해 가장 적합한 물건을 매칭하는 것입니다. 앞선 질문들을 통해 고객이 스스로도 몰랐던 니즈를 발견하고, 그에 맞는 건물을 추천할 수 있게 됩니다. 같은 건물도 어떤 이에게는 최고의 투자처가 되고, 어떤 이에게는 최악의 선택이 될 수 있기 때문입니다.

정리하면, 건물 투자는 단순히 '좋은 물건'을 찾는 것이 아니라 '나에게 맞는 물건'을 찾는 과정입니다. 그리고 이 과정에서는 반드시 다음을 기억해야 합니다.

1. '평당가'만으로 판단하지 말 것
2. '내가 임차인이라면…'이라는 관점으로 생각할 것
3. '100점짜리 완벽한 건물'을 찾으려 하지 말 것
4. '나의 투자 우선순위'를 명확히 세울 것

건물 하나하나가 다르고, 투자자의 상황도 다릅니다. 그 다양한 가능성 속에서 가장 나에게 맞는 선택을 하는 것, 그것이 바로 성공적인 건물 투자로 가는 길입니다.

06

계약서를 쓴 순간, 중개사의 업무는 시작된다

많은 사람들이 매도자와 매수자가 계약서에 도장을 찍고 나면 중개사의 업무는 끝났다고 생각합니다. 하지만 실제로는 이 시점이야말로 가장 많은 일이 벌어지고, 중개사의 실력이 드러나는 순간이기도 합니다. 건물 매매 계약이 이루어지는 당일에는 매도자와 매수자, 중개사들 외에도 수많은 전문가들이 모입니다. 특히 저희 회사는 일반적인 부동산 중개소의 계약 풍경과 다릅니다. 보통은 두 중개인이 계약서 작성을 주도하지만, 저희는 임원급, 팀장급 공인중개사들이 서브 룸에 대기하면서 서류 하나하나를 검토하고 계약 문구의 세부 사항까지 조율합니다.

'실수 없는 계약'을 위한 최후의 안전망인 셈이지요. 계약서를 초안부터 끝까지 검토하며, 작은 문구 하나라도 이슈가 될 가능성이 생기지 않도록 제거 혹은 수정합니다.

한번은 간이과세자인 매도자의 부가세 문제로 인해 계약서의 일부 조정이 필요한 일이 발생했습니다. 해당 건의 경우, 간이과세자는 세금계산서를 발급할 수 없기 때문에 3,700만 원이 부가세 환급 없이 공중으로 날아갈 수 있는 상황이었습니다. 이에 대해 다시 세무사와 협의하고, 세금 항목의 문구를 조정하여 매도자와 매수자 모두 손해 없이 마무리될 수 있도록 조율했습니다.

또한 저희는 계약 전 과정에서 매도자와 매수자의 감정적 충돌을 방지하기 위해 '분리 방'을 운영하고 있습니다. 초기 협의는 각자의 공간에서 진행하고, 계약 도장을 찍을 때만 두 사람을 한자리에 안내하는 방식입니다. 왜냐하면 계약이라는 것이 단순히 조건만의 싸움이 아니라 말투 하나, 표정 하나에서 신뢰가 흔들릴 수 있는 일이기 때문입니다. 예를 들어, 어느 한쪽이 원래 목소리가 큰 스타일일 수 있고, 표정이 진지한 사람일 수도 있습니다. 하지만 처음 만난 사람 입장에서는 "왜 화를 내지?", "기분이 나쁜 건가?"라고 오해할 수 있습니다. 그래서 서로의 감정이 개입되지 않도록, 마지막 순간까지도 조율하고 중재합니다.

저희 회사의 계약 현장에는 또 하나의 특이한 풍경이 있습니다. 바로 계약서를 한 문장 한 문장 직접 낭독하고, 쉬운 언어로 풀어 설명하는 모습입니다. 특히 건물 매매 계약서는 일반인이 듣기에 어려운 문구가 많습니다. 법률 용어도 많고, 실제 해석과 적용이 복잡합니다. 그래서 특약을 하나하나 읽으며, 그 조항이 들어간 이유와 실제로 그 조항이 없을 때 어떤 문제가 발생할 수 있는지를 예시를 들어 설명해줍니다.

"이 건물은 건축물대장과 토지대장의 면적이 다릅니다. 그래서 이 차이 나는 부분에 대한 매수자의 인지를 계약서에 명확히 기재해 두어야 합니다."

"이 층은 잔금 이전에 명도를 완료할 조건입니다. 해당 명도는 매도자의 책임입니다."

이런 식의 설명이 있어야 고객이 실제로 계약 내용을 정확히 이해하고, 납득하며 도장을 찍을 수 있습니다. 보통 계약에는 평균 9개 정도의 특약이 들어갑니다. 이는 매물의 상태와 임차인의 구성, 세금 문제, 명도 조건 등에 따라 개수와 내용이 달라집니다. 건물 하나하나의 조건에 맞춘 맞춤형 계약을 제공하는 것이 저희가 생각하는 안전한 중개입니다.

계약이 끝났다고 해서 중개인의 일이 끝난 것은 아닙니다. 오히려 진짜 시작은 그때부터입니다. 임차인들과의 명도 협상,

금융기관과의 대출 조율, 세무사와의 협업, 그리고 필요한 서류 정리까지… 중개인의 역할은 오히려 계약 이후에 더 커집니다. 실제로 명도 문제가 생기면 중개사가 직접 투입되어 협상에 나서야 하는 경우도 많습니다. 그리고 대출이 예상과 다르게 진행될 경우, 은행에 달려가 지점장님을 만나 설득하거나 구조를 바꾸기도 합니다. 어쩌면 매수자와 매도자가 도장을 찍은 그날이 중개인에게는 스트레스가 시작되는 날이라는 것을 고객들은 잘 모릅니다.

많은 사람들이 '빌딩 부부'의 유튜브나 인스타그램을 보고는 '너무 유명하신 분들이라 바쁘시겠지', '이 정도로 체계적이면 일반인은 못 만나겠지'라고 생각합니다. 하지만 절대로 그렇지 않습니다. 저희는 사람을 위해 일하는 것이지, 숫자를 위해 일하지 않습니다. "진짜 저 같은 사람도 건물을 살 수 있을까요?"라는 질문 하나로 시작된 수많은 인연이 저희를 여기까지 데려왔고, '빌딩 부부'가 20여 년 동안 많은 신뢰를 얻으며 활동할 수 있었던 비결입니다.

07

중개 인생에서
가장 기억에 남는 계약

중개인이라면 누구나 '절대 잊지 못할 계약'이 있기 마련입니다. 저희에게 그 계약은 서울 약수역과 청구역 사이 대로변에 위치한 '빈 땅'이었습니다. 그 자리에 처음 서던 날을 아직도 기억합니다. 모든 자리에 건물이 다 들어차 있고, 경쟁도 치열한 곳에서 유일하게 비어 있는 땅이 너무 낯설어 저희는 잠시 서서 서로를 바라봤습니다.

"왜 저기는 비어 있지?"

"등기 한번 떼볼까?"

등기부 등본을 열어보는 순간, 그 이유를 단번에 알 수 있었습니다. 소유자는 총 여덟 명으로 모두 가족 관계였습니다. 아버지로부터 상속을 받은 남매들이 각자 지분을 나눠 가진 '상속 매물'이었던 것이지요. 문제는 단순히 인원수가 많다는 것이 아니었습니다. 형제간 관계가 끊긴 지 수년, 일부는 해외에 체류 중이었습니다. 그들 모두의 의견이 하나로 맞아떨어져야만 계약이 가능한 구조였습니다. 그동안 이 땅을 두고 수많은 중개인들이 계약을 시도했지만 모두 실패했습니다. 저희 회사에서도 몇 년 전부터 여러 팀장이 거래를 성사시키기 위해 노력했지만, 결국 손을 뗀 상태였습니다. 그러나 이상하게도 저희는 그 땅에 끌렸습니다.

"이건 누군가가 정리하지 않으면 영영 묶이겠구나."

그렇게 저희는 첫째 형님을 수소문해서 어렵게 연락을 취했습니다.

"나는 팔고 싶지만, 다른 형제들과 연락을 안 한 지 오래됐어요."

"그럼 연락처라도 좀 주실 수 있을까요?"

"글쎄, 나도 몰라요. 큰누님이랑 셋째랑만 연락하고, 나머진 해외에 있어요. 살았는지 죽었는지도 모르지요."

저희의 중개는 그때부터 흡사 탐정 일이 되어버렸습니다. 필리핀, 말레이시아에 있는 형제들을 수소문하고, 카카오톡으로 메시지를 보내며 답장을 기다렸습니다. 밤이 되면 둘이 차 안에 앉아 시차를 계산했습니다.

"지금 마닐라는 몇 시야?"

"여기랑 1시간 차이니까 지금 연락해보자!"

당시 연인이었던 저희는 데이트도 포기하고 시차에 맞춰 형제분들과 통화를 시도했습니다. 그런 노력 끝에 마침내 하나둘 연락이 닿았습니다. 뜻밖에도 이들은 하나같이 이렇게 말했습니다.

"누군가 정리만 해준다면 나도 팔 생각은 있어요."

하지만 여덟 명 모두가 한마음이 되는 일은 없었습니다. 일곱 명이 동의를 해도 한 명이 "NO"를 외치면 다시 처음부터 설득하는 과정을 거쳐야 했습니다. 이 과정을 무려 3개월간 반복했습니다. 중간에 진심으로 포기하고 싶었습니다. 세 달쯤 지나 셋째 형제분인 회장님께 전화를 걸어 울음을 터뜨렸습니다.

"저 정말 못하겠어요. 너무 버겁고, 이게 맞는지도 모르겠고…."

그때 회장님이 조용히 말씀하셨습니다.

"이 땅, 평생 못 팔 줄 알았어요. 근데 당신들을 보니까 희망이 보이네요. 꼭 정리해주세요."

그 말이 정말 큰 위로가 됐습니다. 그렇게 힘을 얻어 다시 설득하기 시작했고, 드디어 모든 형제들의 동의를 얻었습니다. 그 후 저희는 매수자와의 조율에 들어갔습니다. 운이 좋게도 매수자는 오래전부터 그 땅을 눈여겨본 분이었습니다.

"저 땅이 나오면 꼭 내 사옥을 짓고 싶다고 생각했어요."

그런 마음을 품고 있었던 매수자는 매물을 제안하자 바로 계약하겠다고 했습니다. 하지만 형제들 사이의 깊은 감정은 여전히 남아 있었습니다. 계약 당일, 그들은 같은 방에 앉는 것조차 거부했습니다.

"저는 첫째 형이랑은 못 앉습니다."

"저도 따로 방 주세요."

저희는 각자 다른 공간에 계약 테이블을 마련해야 했습니다. 계약 조건도 쉽지 않았습니다.

"계약금 일부는 현금으로 주세요. 계좌이체가 아니라 그 자리에서 바로 양도세까지 정산하게 해주세요."

놀랍게도 매수자는 그 조건을 모두 수용했습니다. 계약 날, 매수자는 5만 원권으로 수억 원이 든 보스턴백 두 개를 들고 계약장에 도착했습니다. 저희는 계수기를 돌리며 첫째, 둘째… 여덟째 분의 몫까지 지분별로 돈을 나누어 전달했습니다. 세무사도 옆에서 양도세를 계산하고, 각자 납부까지 수월하게 이뤄질 수 있도록 도왔습니다. 심지어 한 형제는 건강이 좋지 않아 병원에서 직접 모셔 와 계약이 끝난 뒤 다시 병원으로 모셔다 드렸고, 그분은 누워서 서명을 했습니다. 그날 계약은 장장 10시간 이상 진행됐습니다. 준비 기간까지 합치면 정확히 6개월이 걸린 대형 계약이었습니다. 모든 계약 절차가 끝나고 셋째 형제분이신 회장님이 말씀하셨습니다.

"당신들이 아니었으면 이 땅은 절대 정리 못 했을 거요. 덕분에 형제끼리 얼굴이라도 한 번 마주했어요. 그리고 혹시 땅을 파게 되면 연락주세요. 아버지가 뭐 하나 묻어두셨다고 했어요."

며칠 뒤, 매수인은 건물 공사를 시작했고 혹시 금괴라도 나올까 싶어 저희는 공사 현장에 나가 확인을 했습니다. 결국 아무것도 나오지 않았지만, 저희는 끝까지 그 약속을 지켰습니다. 그 일이 있은 후 저희는 서로 이렇게 말하곤 합니다.

"중개는 그냥 물건을 중개하는 일이 아니야. 사람과 감정을 설득하고, 오래된 문제를 해결하는 일이야."

그 계약이 없었더라면 지금의 '빌딩 부부'도 없었을지 모릅니다. 누구든 혼자였다면 포기했을 일이었거든요. 함께였기에 해낼 수 있었고, 그 결과는 지금도 랜드마크가 된 그 건물이 증명해주고 있습니다. 그 앞을 지날 때면, 서로에게 말합니다. "그날 밤, 마닐라에 전화하던 우리가 결국 이 건물을 완성시켰구나"라고 말입니다.

08

25년간 중개하며 느낀
찐 부자들의 특징

건물 중개라는 직업 특성상 저희 부부가 만나는 대부분의 사람은 건물주입니다. 특별히 상속을 통해 재산을 물려받은 사람도 있지만, 자수성가로 돈을 벌어 건물주가 된 분들도 많습니다. 이분들을 만나면서 느낀 공통점이 있습니다.

그들은 이미 많은 것을 가지고 있음에도 여전히 자신의 목표를 향해 묵묵히 달리고 있다는 점입니다. 그리고 성실함이 몸에 배어 있습니다. 그런 모습을 가까이서 보며 역으로 많은 것을 배웁니다. 특히 연세가 있으신 건물주분들을 만나면 "내가 왕년에 이런 상황이 있었고, 그때 이런 결정을 잘해서 이렇게 됐다"는 이야기들을 많이 들려줍니다. 그리고 저희에게 조언을 해주기도 합니다.

"아직 젊으니까 앞으로 얼마든지 기회가 있어요. 저는 지금 당장 가진 게 없이 20대로 돌아간다면 얼마든지 다시 시작할 수 있을 것 같아요."

이런 이야기를 들을 때마다 느끼는 건 정말 나이는 숫자에 불과하고, 그분들은 무엇보다 젊음 그 자체를 부러워한다는 사실이었습니다.

찐 부자들을 통해 가장 크게 배운 것은 "돈이 사람을 업다운시키면 안 된다"는 점입니다. 돈이 많을 때는 후하게 쓰고, 없을 때는 인색해지고, 사람들을 대할 때도 내 여유에 따라 태도가 바뀐다면 결국 신뢰를 잃게 됩니다. 그래서 저희는 돈이 많든 적든 사람을 대하는 태도는 항상 같아야 한다는 생각을 가지게 됐습니다. 오래도록 건물을 잘 지켜온 분들을 보면 반드시 이런 일관성이 있었습니다. 기분에 따라 행동하지 않고, 감정의 기복을 스스로 조절하면서 꾸준히 베풀 줄 아는 태도가 굉장히 인상 깊었습니다. 돈이라는 것은 쫓는다고 따라오는 것이 아니라 '베풂'을 통해 자연스럽게 돌아오는 것이라는 점을 배울 수 있었습니다. 여유가 있을 때만 베풀고, 없을 때는 갑자기 단절하는 식이 아니라 내 형편에 맞게 기부를 하든, 사람들을 대하든, 일정한 선을 지키면서 꾸준히 베풀며 살아가는 것이 중요하다는 걸 깨달았습니다.

건물을 매입하는 분들은 일생에 적으면 한두 번, 많아야 세 번 정도의 투자 경험을 합니다. 그 과정에서 저희를 믿고 정말 큰돈을 맡기는 것이니 한 번 인연을 맺으면 평생 이어질 수 있는 관계가 되는 것도 중요하다고 생각합니다. 그래서 더더욱 저희는 물건을 대충 소개하거나 거래를 가볍게 여기지 않습니다. 항상 무게감을 가지고 "이 물건을 추천했을 때, 그 사람의 인생이 달라질 수 있다"는 책임감을 느끼면서 일하고 있습니다.

직원들에게도 항상 강조하는 게 있습니다. 건물 중개는 케이스가 워낙 다양하고 변수가 많기 때문에 매뉴얼처럼 답이 정해진 일이 아니다 보니, 예상치 못한 문제가 터졌을 때 가장 중요한 것은 '패닉에 빠지지 않고 문제를 해결하는 것'이라는 점입니다. 그래서 저희는 항상 '문제 해결력'을 키우려고 노력합니다.

중개를 꿈꾸는 사람들에게도 '학력보다 중요한 것은 타고난 위기 대처 능력과 센스'라고 강조합니다. 고객들은 전 재산을 걸고 움직이는데 중개인이 흔들리거나 당황하면 그 신뢰는 단숨에 무너집니다. 그래서 어떤 문제가 생기든 "잠시만요, 이렇게 해결해보겠습니다" 하면서 차분하게 접근하는 멘탈이 필수입니다.

"세상에 돈으로 해결되지 않는 문제는 없다. 다만 그 문제를 끝까지 해결하려는 '의지'가 있는 사람이 있느냐가 관건이다."

건물에 누수가 나든, 권리관계 문제가 생기든 돈과 의지만 있으면 결국 해결할 수 있습니다. 그리고 이런 과정이 쌓이면 경험치가 되어 다음 문제를 더 쉽게 풀어갈 수 있게 됩니다. 그리고 이 일을 단순히 돈을 버는 수단이라고 생각하면 절대 오랫동안 할 수 없습니다. '내가 이 계약을 책임진다'는 마음으로 계약서를 한 줄 한 줄 꼼꼼히 작성해야 하고, 계약 조건 하나하나를 점검해야 합니다.

이 일을 하면서 중개사에게 절대적으로 필요하다고 생각하는 요건은 뛰어난 회복 탄력성입니다. 건물 중개는 사람을 상대하는 일이기 때문에 하루에도 기분 좋은 일과 힘든 일이 반복됩니다. 방금 전까지 욕을 먹었더라도 다음 고객을 맞이할 때는 웃으면서 새로운 마음으로 대해야 합니다. 그렇지 않으면 금세 소진되고 무너질 수밖에 없습니다. 그래서 회복 탄력성, 즉 빨리 기분과 태도를 리셋하고 다시 시작할 수 있는 힘이 필수입니다. 저희가 만난 오래된 건물주들은 이 회복 탄력성이 정말 뛰어났습니다. "사람만 다치지 않으면 된다", "돈은 또 벌면 된다." 이런 마인드를 가진 분들이 많았고, 그런 여유와 단단함이 결국 그들을 성공으로 이끌었던 것 같습니다.

25년간 중개사로 일하며 개인적으로 가장 크게 체감한 변화는 여러 방면의 부동산 지식을 갖게 되면서 주변을 바라보는 눈이 달라졌다는 점입니다. 대학생 때 부모님이 아파트를 매입하실 때만 해도 부동산 용어나 절차를 하나도 이해하지 못했습니다. 근저당, 등기부 등본, 잔금과 같은 용어들이 낯설기만 했습니다. 그런데 이제는 아파트를 사고 전세 계약을 할 때 다른 중개인들의 설명을 듣고 이 사람이 일을 제대로 하고 있는지 아닌지를 단번에 파악할 수 있게 됐습니다. 그만큼 저희 스스로 성장했다는 걸 체감합니다.

건물 투자를 통해 돈을 버는 방법은 사람마다 다르기 때문에 누구도 정답을 알려줄 수 없습니다. 하지만 돈을 다루는 태도, 사람을 대하는 태도 그리고 문제를 해결하는 방법은 저희가 만난 수많은 건물주들을 통해 배울 수 있었습니다. 부자가 된다는 것은 단순히 자산이 많아진다는 뜻이 아니라 그런 성숙한 태도를 가지는 것에서부터 시작된다는 걸 확신하게 되었습니다.

PART 3.

누구나 시작할 수 있다, 건물 투자 입문

01

처음 건물 투자할 때
반드시 알아야 할 4가지

건물 투자를 처음 시작하려는 분들이 반드시 짚고 넘어가야 할 중요한 포인트들이 있습니다. 섣불리 시작하면 생각보다 큰 리스크를 떠안을 수 있기 때문에 사전에 반드시 알아야 할 핵심 사항들입니다.

대출 가능 금액과 금리 체크

가장 중요한 것은 대출 가능 금액과 금리입니다. 시장 금리가 오르든 내리든 내가 매입하려는 금액 대비 얼마를 대출받을 수 있는지, 그리고 그 금리에 따라 실제 부담해야 할 이자가 얼마인지 명확히 파악해야 합니다. 최근에 어떤 매수자분은 부동산 중개업자로부터 "현금 20%만 있으면 된다"는 이야기를 들었다고 했습니다. 그러나 이는 절반만 맞고 절반은 틀린 이야기입니다.

예를 들어, 매입하려는 건물 가격이 100억 원이라고 가정할 때, 지역과 건물 조건에 따라 어떤 지역은 대출이 80%까지 나오지만, 어떤 지역은 60%밖에 나오지 않습니다. 그리고 탁상 감정가(은행 내부 감정가)를 반드시 사전에 확인해야 합니다. 시장 매매가가 100억 원이라 하더라도 감정가가 90억 원이 나오면 대출은 90억 원을 기준으로만 나옵니다. 따라서 "20억이 있으니까 100억짜리 건물을 살 수 있다"고 단정하는 것은 절대 금물입니다. 게다가 자기 자본 20%로는 매매가를 충당할 수 없습니다. 추가로 취등록세(대략 4.6% 수준)와 수수료, 기타 부대비용까지 고려해야 합니다. 100억 원짜리 건물이라면 취득세만 약 4억 6천만 원이 들어가므로 최소 5억 원 이상의 여유 자금이 필요합니다.

건물 매입 시 대출 조건을 정확히 파악하지 않고 계약부터 하는 경우가 있습니다. 건물의 구조, 용도, 불법 여부 등에 따라 대출이 불가능한 경우도 생기므로 반드시 계약 전에 확인해야 합니다. 계약만 하고 대출 절차를 시작하지 않거나 중개인이 알아서 해줄 것이라는 막연한 기대를 갖는 것도 금물입니다. 매수자 스스로 은행 여러 곳에 대출 조건을 비교하고, 금리와 한도 대조를 통해 유리한 조건을 확보해야 합니다. 또한 지역마다 은행이 설정해 놓은 담보인정비율이 다르기 때문에 서울과 지방은 대출 조건에서 크게 차이가 날 수 있습니다. 이 역시 계약 전 꼼꼼히 확인해야 할 사항입니다.

임대수익률과 금융비용의 정확한 계산

두 번째 체크 포인트는 임대수익률입니다. 간혹 '금리가 3.8%인데, 임대수익률이 4.3%니까 남는다'고 단순하게 계산하는 경우가 있습니다. 하지만 금융비용과 임대수익은 단순 퍼센트가 아니라 실제 금액 기준으로 비교해야 합니다.

예를 들어, 매매가 대비 월 이자 비용이 얼마인지, 반대로 임대료 수익이 얼마인지 수치로 따져 차익을 계산해야 합니다. 이 부분을 제대로 계산하지 않으면 매월 100만 원 이상의 적자가 나는 상황에 빠질 수 있습니다. 따라서 계약서상에 제시된 연 수익률을 맹신하지 말고, 월 단위 수익률과 이자 비용을 꼼꼼히 따져본 후 매입 결정을 내려야 합니다. 또한 투자 성향도 중요합니다. "나는 한 달에 500만 원 적자까지는 괜찮아"라고 여유 있게 생각하는 투자자도 있듯 본인의 리스크 감내 수준도 반드시 사전에 설정해 두어야 합니다.

환금성(매각 용이성) 체크

세 번째는 환금성, 즉 나중에 잘 팔릴 수 있는 건물인가입니다. 환금성을 체크할 때 가장 좋은 방법은 '내가 임차인이라면 이 건물에 입주할까?'라는 관점에서 바라보는 것입니다. 만약 1층 임차인이 나갔다고 가정했을 때 '내가 떡볶이 가게라도 해서 버틸 수 있을 것 같다'고 생각이 드는 상권이면 괜찮습니다. 반대로, 대형 은행이 나간 자리인데 다음 임차인이 쉽게 들어오지 않을 것 같다면 위험한 신호입니다. 또한 주변 시세를 꼭 체크해야 합니다. 현재 임대료가 주변 시세에 비해 낮은지, 높은지 파악해야 합니다. 예를 들어, 1층이 현재 500만 원에 임대되어 있는데 주변 시세는 800~1,000만 원이라면, 나중에라도 시세대로 맞춰 임차인을 받을 수 있습니다. 그러니 중개인에게 주변 임대료, 임대공실 기간, 임차 수요 등을 반드시 꼼꼼히 요청하고 확인해야 합니다.

시장 흐름 모니터링

네 번째는 시장 흐름을 꾸준히 보는 것입니다. 계약서에 도장 찍었다고 끝나는 것이 아닙니다. 이후에도 꾸준히 시장 상황을 모니터링해야 합니다. 특히 빌딩 시장은 아파트 시장과 전혀 다릅니다. 아파트는 시세 변동이 상대적으로 예측 가능한 반면, 건물은 수익 구조, 임대 시장 상황, 상권 변동성 등에 따라 가격이 민감하게 움직입니다. 계약 이후에도 '이 시장이 어떻게 돌아가고 있는지', '임대 수요가 줄고 있는지', '상권 트렌드가 어떻게 변하는지' 등에 항상 관심을 가지고 지켜봐야 합니다. 건물 시장은 공부하고 분석하는 사람에게만 기회가 열리는 곳이기 때문입니다.

02

완벽한 거래를 위한
서류 체크리스트

건물을 매각, 매입할 때는 매수자와 매도자가 각각 챙겨야 할 서류와 절차가 있습니다.

먼저 매수자가 준비해야 할 것은 신분증, 도장, 계약금입니다. 매수자가 개인이든, 법인이든 기본적인 준비물은 같습니다. 다만 매수자가 법인이고 대리인을 통해 계약을 진행할 경우에는 추가로 법인 인감증명서, 법인 대표자의 신분증 사본, 대리인의 신분증, 위임장을 준비해야 합니다.

반면 매도인은 준비해야 할 서류가 훨씬 많습니다. 개인 매도인이라면 신분증과 도장은 물론이고 통장 사본, 사업자 등록증, 임대차 계약서 원본, 등기 권리증까지 갖춰야 합니다. 만약 대리인이 계약을 진행할 경우에는 여기에 대리인의 신분증, 위임장, 매도인의 신분증 사본, 인감증명서도 추가로 필요합니다. 매도인이 법인일 경우에는 준비물이 조금 다릅니다. 이때는 법인 도장, 대표자 신분증, 사업자 등록증, 법인 명의 통장 사본, 임대차 계약서 원본, 등기 권리증이 기본입니다. 만약 대리인이 나온다면 법인 대표자의 신분증 사본, 법인 인감증명서, 위임장, 대리인의 신분증까지 준비해야 합니다.

계약이 이뤄지면 매수자는 잔금 때 취등록세를 납부해야 합니다. 취득세율은 상황에 따라 달라지는데, 개인이 근린생활시설 건물을 매입할 경우 취등록세 세율은 4.6%입니다. 법인도 설립 후 5년이 지나면 개인과 동일하게 4.6%가 적용되지만, 만약 5년 미만 법인이 과밀억제권역 안의 건물을 사면 9.4%로 높아집니다. 만약 매입하려는 건물에 주택이 포함되어 있다면, 개인이 주택이 하나 있는 상태에서 매입할 경우 주택 부분에 대해 8%를 납부해야 합니다. 주택이 두 채 이상이면 주택 부분에 대해 무려 12%의 취득세가 부과됩니다. 법인이 주택을 매입할 경우는 13.4%까지 취득세가 올라갑니다.

하지만 세금이 높다고 무조건 매입을 포기해야 하는 것은 아닙니다. 시세보다 충분히 저렴하다면 높은 세금을 감수하고서라도 매수할 수 있습니다.

매수자가 매입 전에 토지대장과 건축물대장을 비교해보는 것도 매우 중요합니다. 토지대장은 순수하게 땅의 면적을 기록한 것이고, 건축물대장은 건물까지 고려해 실제 이용 면적을 기록한 것입니다. 두 대장의 면적이 차이가 나는 경우가 종종 있는데 이럴 때는 토지대장이 기준이 됩니다. 이런 차이가 있다고 해서 무조건 거래를 포기할 필요는 없습니다. 다만 이런 사실을 모르고 계약서에 도장을 찍어서는 안 됩니다. 반드시 중개인을 통해 설명을 듣고 이해한 뒤 계약에 임해야 합니다. 또한 건축물대장에는 불법 건축 여부도 표시되어 있으니 이 부분도 반드시 체크해야 합니다. 추가로 토지이용계획확인서를 통해 해당 토지가 어떤 용도 지역에 속해 있는지, 공법상 규제 사항은 없는지도 확인해야 합니다.

그다음은 등기부 등본을 살펴보겠습니다. 등기부 등본은 크게 표제부, 갑구, 을구로 나뉩니다. 표제부에는 부동산 기본 정보, 갑구에는 소유권 변동 사항, 을구에는 저당권이나 가압류 등 권리관계가 기록되어 있습니다. 특히 주의할 것이 을구 항목입니다. 근저당권, 가압류, 가처분 같은 권리가 설정돼 있으면 잔금일 이전에 반드시 말소되어야 합니다. 등기부 요약본을 통해 현재 소유주가 누구인지, 어떤 금융권 권리가 걸려 있는지 한눈에 파악할 수 있으니 계약 전에 반드시 체크해야 합니다.

마지막으로 반드시 주의해야 할 것이 바로 건물분 부가세 문제입니다. 건물은 법적으로 '동산'으로 간주되기 때문에 매입할 때 건물 부분에 대해 부가세를 추가로 내야 할 수 있습니다. 예를 들어, 매매가가 50억 원이고, 그중 건물 부분이 20억 원이라면 20억의 10%인 2억 원을 부가세로 추가 납부해야 합니다. 하지만 부가세를 발생시키지 않고 매입할 수 있는 방법도 있습니다. 바로 사업자 양도양수(포괄양수도 계약)입니다. 만약 1층부터 5층까지 모든 층에 임차인이 들어가 있고, 이 임대 사업 자체를 통째로 승계한다면 부가세를 내지 않아도 됩니다. 다만, 직접 사용 예정이거나 신축할 계획이라면 포괄양수도 계약을 할 수 없습니다. 이 경우에는 건물분 부가세를 따로 납부해야 하고, 부가세를 누가 낼지 계약서에 명확히 명시해야 합니다. 보통 매도인이 부담하면 깔끔하지만, 매수인이 대납하는 경우도 있습니다. 이때는 납부 영수증을 받아 매도인에게 제출하고, 매도인은 세금계산서를 발행해야 합니다. 또한 부가세를 냈다 하더라도 환급 대상이 되는 경우와 그렇지 않은 경우가 있으므로 계약 전에 꼭 확인해야 합니다.

이 모든 과정을 꼼꼼히 챙기고, 이해하고, 판단해야만 안전한 건물 매입이 가능합니다. 단순히 좋은 매물이 나왔다고 해서 덥석 계약하는 것이 아니라 그 물건의 권리관계, 세금 문제 등 다각도로 검토해야 합니다. 또한 하나의 서류라도 빠지거나 하나의 절차라도 소홀히 하면 매입 이후에 예상치 못한 리스크를 떠안게 될 수도 있습니다. 잔금 이후에 임차인과의 문제가 생기거나 예상보다 과도한 세금이 부과되는 일이 생긴다면 그 책임은 모두 매수자 본인에게 돌아옵니다. 그러한 일이 발생하지 않도록 미리 체크하고, 꼼꼼히 검토하고, 사전에 모든 리스크를 차단하는 것이 바로 중개사의 역할입니다.

단순히 계약서를 쓰는 것을 넘어 매수자와 매도자 모두를 안전하게 보호하는 것, 거래 이후에도 후회 없는 선택이 될 수 있도록 돕는 것이 중개사의 책임이라고 생각합니다. 저희는 그 믿음 하나로 지금까지 단 한 건의 중개 사고도 없이 수많은 거래를 성사시켜왔습니다. 수십억, 때로는 수백억에 이르는 큰 거래인 만큼 무조건 '계약이 성사되는 것'에만 초점을 맞추기보다 매수자와 매도자 모두가 '정말 잘한 선택이었다'고 느낄 수 있도록 최선을 다하고 있습니다.

03

임대수익 vs 시세차익,
나에게 맞는 건물 투자 전략

건물에 처음 투자하는 사람들이 고민하는 부분 중 하나는 바로 "나는 임대수익형 투자자일까, 시세차익형 투자자일까?"입니다.

2020년 1월에 매각된 김포 장기동에 있는 건물은 준주거지역에 연면적 약 500평으로 평당 2,600만 원에 거래되었고, 수익률은 6%에 달하는 고수익률 물건이었습니다. 역 출구에서 불과 100m 거리에 위치해 접근성도 뛰어났습니다. 총 매매가는 약 52억 원이었으며, 안정적인 임대료 수익이 매수자의 투자 목적이었습니다.

반면 용산구 대로변에 있는 건물은 일반상업지역에 연면적 약 200평으로 2018년 매입 당시 평당 4천만 원 수준이었으나 2020년 시세는 평당 8천만 원에서 1억 원까지 상승했습니다. 매입 이후에는 학교 부지였던 이력을 극복하고 용도 변경을 완료해 3%대 수익률로 임차가 맞춰졌습니다. 매각 시 평당 약 4천만 원 이상의 시세차익이 기대되는 매물이었습니다.

두 건물 모두 매입가는 약 52억 원으로 동일했습니다. 그러나 현금 흐름 측면에서는 확연한 차이가 있었습니다. 장기동 건물은 매달 2,400만 원의 임대료 수익이 발생하는 반면, 용산 건물은 1,400만 원 수준이었습니다. 안정적인 수익을 선호하는 투자자라면 당연히 장기동 매물이 유리해 보일 수 있습니다. 하지만 용산 건물의 강점은 지역성과 미래 가치에 있습니다. 평당 4천만 원에 매입해 현재는 평당 8천만 원 이상의 가치를 지녔고, 추가적인 가치 상승이 기대되기 때문입니다. 비록 초기에는 수익률이 낮더라도, 장기 보유 시 상당한 시세차익을 기대할 수 있습니다.

두 사례를 보면서 52억을 투자했을 때 다달이 얼마를 손에 쥘 수 있느냐가 중요한지, 보유 기간 동안 임대수익뿐만 아니라 매각 시 발생하는 시세차익도 중요하다고 보는 관점인지 한번 생각해보면 자신이 가진 투자 성향이 어디에 좀 더 가까운지 알 수 있습니다. 임대수익 중시형 투자자는 현금 흐름이 안정적이고, 즉시 수익이 발생하는 건물을 선호하며 대출 이자 이상의 순수익을 중시하고 안정적 관리가 목표인 경우가 많습니다. 시세차익 중시형 투자자는 초기 수익률은 낮더라도 향후 큰 폭의 가치 상승을 기대하고, 추가적인 용도 변경, 리노베이션 등 부가 작업을 감수할 수 있다는 점이 다르다고 볼 수 있습니다. 즉, 매달 안정적으로 수익을 받고 싶다면 수익형 건물을, 장기적 자산 증식과 시세차익을 노리고 싶다면 투자형 건물을 선택하는 것이 바람직합니다.

단순히 '임대수익형 건물이 성공할까, 시세차익용 건물이 성공할까?'를 묻는다면 사실 정답은 없습니다. 그 이유는 시장 상황이 항상 변하기 때문입니다. 예를 들어, 코로나 팬데믹이나 고금리 시대가 도래했을 때를 돌아보면, 안정적인 임대수익을 꾸준히 창출했던 건물들은 큰 타격을 받지 않았습니다. 임대료 수입이 금리 상승에도 불구하고 이자를 상회했기 때문에 생활비를 조금 줄이는 정도로 대응할 수 있었기 때문입니다.

반면, 공격적으로 대출을 활용해 시세차익만을 노렸던 투자자들은 큰 어려움을 겪었습니다. 예상치 못한 공실, 금리 인상 등으로 이자 부담이 급증하면서 결국 버티지 못하고 무너지는 사례도 많았습니다. 하지만 다시 시간이 지나고 시장이 회복되면 공격적으로 매입했던 건물들도 시세차익을 실현하며 수익을 올리는 경우가 많습니다.

결국, 어느 방식이 무조건 옳다고 단정할 수는 없고, 타이밍과 시장 상황, 그리고 무엇보다 자신의 투자 성향에 달려 있는 문제라고 볼 수 있습니다.

04

내 건물 공실 줄이고
비싸게 파는 방법

"건물을 비싸게 팔 수 있는 방법이 무엇인가요?"라는 질문을 자주 듣습니다. 우선, 건물의 가치를 높이기 위해서는 어느 정도의 비용이 들어간다는 점을 이해해야 합니다. 예를 들어, 주변 건물들은 평당 임대료 500만 원을 받고 있는데, 본인 건물은 오랜 세월 동안 임대한 임차인 때문에 200만 원밖에 못 받고 있는 경우라고 합시다. 이럴 때는 힘들더라도 임차인과 협의를 거쳐 명도를 진행해야 합니다. 명도를 완료한 뒤, 비워진 상태로 매각하거나 명도한 김에 외관과 내부를 일부 수리하고, 엘리베이터 같은 시설을 추가해 건물 가치를 상승시킨 후 매각하는 방법이 있습니다. 또한, 신축을 해야 할지 리모델링을 해야 할지 고민하는 경우가 많은데 기준은 간단합니다. 현재 용적률이 종전 대비 충분하거나 엘리베이터를 설치할 수 있는 여유가 있다면 신축까지 갈 필요는 없습니다. 그러나 용적률이 현저히 낮거나 노후 정도가 심하다면 신축이 더 나은 선택일 수 있습니다. 물론 이 경우 공사비 발생에 따른 문제를 현실적으로 고려해야 합니다.

건물 매입 후 리모델링, 대수선, 신축 등 공사를 예정하고 있다면 계약 전에 반드시 매도자와의 협의를 거쳐 특약으로 명시해야 합니다. 예를 들어, 철거 심의는 최소 4~6개월이 소요되며, 매도자 명의로 서류를 제출해야만 진행할 수 있습니다. 이 과정을 잔금 후에 시작하면 수개월의 이자 손실이 발생할 수 있습니다. 건축사와의 협의도 중요합니다. 반드시 2~3곳 이상 비교 견적을 받아 포트폴리오를 확인하고, 과도한 비용을 요구하거나 불필요한 공사를 제안하는지 검토해야 합니다.

임대 전략 역시 과거와는 달라졌습니다. 과거에는 단순히 인근 부동산이나 임대 전문 업체에 맡겨 임차인을 구했지만, 이제는 건물주 스스로 우량 임차인을 유치하기 위한 노력을 하는 추세입니다. 건물주 입장에서는 다소 어려운 일일 수 있지만, 건물 매입의 본질이 부자가 되기 위한 활동임을 생각한다면 적극적으로 움직여야 할 필요가 있습니다.

최근 건대 입구 인근의 오래된 원룸 건물 사례를 예로 들 수 있을 것 같습니다. 매매가는 20억대 초반이었고 대부분이 전세 세입자로 채워져 있었습니다. 그러나 이 건물주는 임차인이 나갈 때마다 보증금을 반환해주고, 방을 소형 숙박룸처럼 깔끔하게 세팅해 단기 임대로 전환했습니다. 결과적으로 전세 비율을 대폭 줄이고 월세 수익을 높이는 데 성공했으며, 임대수익률은 무려 4.7%까지 올라갔습니다. 전에는 팔리지 않던 건물이 이렇게 수익이 탄탄해지자 바로 관심을 받기 시작했습니다. 특히 단기 임대 방식은 장기 임차인에 비해 명도 리스크를 줄여주는 장점이 있습니다. 임대차 계약이 짧기 때문에 매수자가 잔금일에 명도를 요청할 경우 대응이 훨씬 수월합니다. 이처럼 건물에 손을 대지 않고도 수익 구조를 바꾸는 작은 노력만으로 매각 경쟁력이 크게 올라갑니다.

물론 모든 건물에 이러한 변화를 적용할 수 있는 것은 아닙니다. 상권 특성상 우량 임차인을 유치하기 어려운 지역이라면 빠른 결단이 필요합니다. 즉, 높은 가격을 고집하기보다는 시장 가격에 맞춰 빠르게 매각하고, 더 상급지의 건물로 갈아타는 전략을 택하는 것이 현명합니다. 반대로 상급지에 위치해 있으나 공급 과잉으로 어려움을 겪고 있다면 다른 건물과의 차별화를 고민해야 합니다. 예를 들어, 임차인에게 제공할 혜택을 구체적으로 고민하거나 입주 시 장점을 부각시킬 수 있는 방법을 생각해야 합니다.

건물주는 항상 자신의 건물의 경쟁력을 높이기 위한 노력과 고민을 멈추지 않아야 합니다. 가격은 내리고 싶지 않고, 임대료는 오르지 않고, 이자 부담만 늘어나는데도 '버텨보자'라고 생각한다면 상황은 더 악화될 수 있습니다. 오히려 현실을 정확히 판단하고, 빠르게 전략을 수정해 나가는 것이 성공적인 매각으로 이어질 가능성이 높습니다. 예전에는 건물주라고 하면 단순히 임대료를 받고 편하게 살아가는 이미지를 떠올렸지만, 요즘은 금리가 높아지고, 대출을 공격적으로 받는 시대가 되었습니다. 이제는 '이 건물로 사업을 해서 더 성장시키겠다'는 마음가짐으로 건물을 사야 하는 시대입니다. 임차인이 나간다고 해서 '큰일 났다, 망했다'라고 생각하는 것이 아니라, 다른 임차인이 들어오기 전에 내가 무엇을 할 수 있을까를 끊임없이 고민해야 합니다. 건물주는 공간을 파는 직업입니다. 비워두면 수익은 0원이고 오히려 마이너스가 됩니다. 따라서 당장이라도 할 수 있는 활동을 해야 합니다. 임차인이 스스로 찾아오기를 기다리는 것이 아니라 내가 스스로 공간을 채워나가야 합니다. 가장 적은 비용으로, 가장 손쉬운 방법으로 무엇을 할 수 있을지 항상 연구하고 공부하는 것은 기본입니다.

또한 공실을 줄이기 위해서는 외관 관리가 매우 중요합니다. 건물의 첫인상이 모든 것을 좌우하기 때문입니다. 예를 들어, 주변 건물들이 낡은 조적조로 되어 있다면 내 건물만 유리로 리뉴얼해 눈에 띄게 만들 수 있습니다. 외관에 페인트를 깔끔하게 새로 칠하는 것만으로도 임차인 입장에서는 매력을 느낄 수 있습니다.

요즘은 다양한 애플리케이션과 채널을 통해 트렌드를 빠르게 알 수 있습니다. 숙박업이 유행이라면 '내 건물 5층을 호스텔로 바꿀 수 있을까?'를 고민해봐야 합니다. 직접 구청에 문의하고, 조건을 확인하고, 변경이 가능하다면 시도해보는 적극성이 필요합니다. 단순히 공실로 방치하는 것은 최악의 선택입니다. 낡고 지저분한 간판을 통일감 있게 교체해 깔끔한 인상을 준다거나, 주차장이 없는 오피스 건물이라면 인근 주차 공간을 지원한다거나, 식당 건물의 경우 주방 후드를 전면이 아닌 뒤쪽이나 옥상으로 이동시켜 외관을 정돈하거나, 건물 외벽에 난잡하게 설치된 실외기를 옥상으로 옮겨 정리하는 것만으로도 건물의 가치를 높일 수 있습니다. 이처럼 건물주는 임대료만 기다리는 사람이 아니라, 공간을 능동적으로 운영하고 가꿔나가는 사람이어야 합니다.

건물을 살 때의 목표는 '땅값 상승'이지만, 운영하면서 생기는 수익은 전적으로 건물주의 노력에 달려 있습니다. 작고 세심한 노력들이 결국 큰 차이를 만들어 냅니다. 건물 가치의 상승을 위해서는 임차인 구조를 개선하고, 최소 비용으로 세팅을 개선하며, 임차인들이 매력을 느낄 수 있도록 가꿔나가는 것, 지역 특성과 수요를 정확히 파악하는 것, 그리고 필요할 때는 과감히 갈아타기를 선택하는 용기가 필요합니다. 조금만 노력하면 누구나 건물의 가치를 끌어올리고 성공적인 매각을 이룰 수 있습니다.

05

건물 매입,
개인과 법인 중 무엇이 유리할까

건물 투자를 고려하는 분들이 가장 궁금해하는 부분 중 하나는 바로 '개인으로 건물을 매입하는 것이 나은가, 법인으로 매입하는 것이 나은가'입니다. 이에 대해서는 세무적 이슈, 증여, 절세 등 다양한 측면에서 장단점이 존재합니다.

개인 명의로 건물을 매입할 때의 가장 큰 장점은 자금을 자유롭게 운용할 수 있다는 점입니다. 개인 자금은 별도의 제약 없이 본인이 원하는 대로 사용할 수 있기 때문에 재산을 관리하고 활용하는 데 있어 훨씬 유연합니다. 특히 개인 소득이 높다면 임대소득의 종합과세 이슈를 피하기 위한 공동명의 매입을 적극

추천합니다. 이는 세법상 절세 효과뿐 아니라 가정의 평화를 위해서도 중요한 전략이 될 수 있습니다.

반면, 법인 자금은 사용 목적과 사유를 명확히 기록해야 하고, 사용 내역에 대해 세무 검증을 받기 때문에 자유롭게 쓸 수 있는 범위가 제한됩니다. 이러한 차이 때문에 세무사들은 대체로 개인 매입을 추천하지만, 은행의 대출 관점에서는 법인 매입을 추천합니다. 이유는 바로 RTI 규제 때문입니다.

건물을 매입할 때, 은행 대출은 크게 두 가지 종류로 나뉩니다. 개인이 받는 가계대출과 법인이 받는 법인대출입니다. 아파트를 구입할 때는 DTI, LTV, DSR 같은 총부채상환비율을 따지지만, 건물을 구입할 때 개인 대출은 'RTI'라는 별도 기준을 봅니다. RTI는 임대소득 대비 이자상환비율을 뜻합니다. 즉, 월세로 100만 원을 받는데 대출 이자가 110만 원이면 은행은 대출을 꺼립니다. 이 때문에 개인이 건물을 매입할 때는 대출이 잘 나오지 않는 경우가 많습니다. 반면, 법인 대출은 RTI 규제를 적용받지 않기 때문에 훨씬 대출이 수월합니다. 다만, 신설 법인은 재무제표가 없기 때문에 대표자의 신용도를 바탕으로 대출 심사가 진행된다는 점도 감안해야 합니다.

증여 측면에서도 차이가 있습니다. 개인은 소유한 부동산을 자유롭게 자녀에게 증여할 수 있습니다. 하지만 법인은 현물 증여가 불가능하고, 주식 증여를 통해서만 간접적으로 승계가 가능합니다. 만약 계획적으로 자녀에게 증여를 염두에 둔다면, 법인을 설립해 주식 배당을 통한 자녀 증여 전략을 추천합니다. 건물을 매입하기 전에 자녀를 법인 주주로 등록해 두어야 자산 가치가 상승한 이후에도 과도한 세금 부담 없이 승계할 수 있습니다. 과거에는 이런 개념이 없어서 오래된 건물들은 대부분 개인 명의로 되어 있습니다. 그러다 보니 건물주가 갑자기 사망하거나 자산을 물려줘야 할 때 막대한 상속세 부담이 발생하는 문제가 생겼습니다. 하지만 가족 법인을 미리 만들어 두면 이러한 문제를 상당히 줄일 수 있습니다.

법인 매입 시에는 몇 가지 주의해야 할 점도 있습니다. 과밀억제권역 내 설립된 법인은 5년 이내 건물을 매입할 경우 취득세 중과가 적용되므로, 산업단지나 과밀권역 외 지역에 법인을 설립하는 방법을 고려해야 합니다. 만약 과밀권역에 법인 주소지가 있는데 5년이 되기 전에 건물을 매입하고 싶다면 계약 전에 법인의 주소지를 변경하거나 최소한 잔금 전에 변경을 완료해야 합니다.

개인은 임대소득에 대해 종합소득세(최대 45%)를 부담합니다. 반면 법인은 과세표준 2억 원 미만일 경우 10%, 2억 원 초과 시 20%의 법인세율을 적용받습니다. 실제로 30~50억 원 규모의 건물에서 발생하는 연간 임대료는 2억 원을 넘지 않는 경우가 많기 때문에 대부분의 법인은 10% 정도의 낮은 세율만 부담하게 됩니다. 따라서 보유 기간 중 발생하는 세금 부담은 법인이 개인보다 훨씬 낮다고 할 수 있습니다.

매각할 때 발생하는 세금을 살펴보면, 개인은 양도소득세를 부담해야 하고 1년 미만 보유 시 50%, 1~2년 보유 시 40%라는 초고세율이 적용됩니다. 반면, 법인은 매각 시에도 별도의 양도소득세 없이 법인세율(20%)만 적용받습니다. 하지만 개인에게는 장기보유특별공제라는 이점이 있습니다. 3년 이상 부동산을 보유하면 양도소득세를 일부 공제받을 수 있지만, 법인은 이 혜택을 받을 수 없습니다. 결국, 장기 보유를 계획하고 있다면 개인 매입이 유리하고, 단기 매각을 고려한다면 법인 매입이 유리하다고 볼 수 있습니다. 즉, 대출을 많이 활용할 계획이 있다면 법인이 유리하고, 자금 여력이 충분하다면 개인이 유리합니다. 건물을 오랫동안 보유할 생각이라면 개인 매입이 더 적합하고, 단기간 내 매도할 계획이라면 법인 매입이 더 유리합니다. 이처럼 개인과 법인 각각의 장단점이 분명히 존재하지만 자신의 자금 상황, 투자 목표, 보유 기간에 따라 선택해야 하며, 자신의 투자 성향과 장기적인 자산 관리 계획을 신중히 고려해 본인에게 맞는 방향을 결정하는 것이 무엇보다 중요합니다.

그렇더라도 현재 시장 상황을 고려할 때는 법인으로 매입하는 쪽이 대출, 증여, 절세 측면에서 상대적으로 유리합니다. 개인은 소득세 최고 세율이 45%에 달하는 반면, 법인은 법인세율이(부동산임대법인 200억 이하) 19%대에 불과해 목돈을 축적하기가 훨씬 수월하기 때문입니다. 특히 젊은 투자자에게는 '공격적인 투자'를 추천합니다. 저금리 시대에는 레버리지를 적극 활용해야 자산을 빠르게 축적할 수 있고, 시간이 지남에 따라 자연스럽게 자산 가치가 상승하기 때문입니다. 따라서 감당 가능한 범위 내에서 대출을 적극적으로 활용할 필요가 있습니다. 부동산 시장에서는 타이밍이 생명입니다. 2~3년 후에는 지금과 같은 가격으로 좋은 건물을 사기 어려울 것입니다. 지금이야말로 작은 규모라도 실전 경험을 쌓으며 과감하게 투자에 나설 때입니다.

06

법인 설립부터
돈 버는 상속, 증여까지

법인을 만드는 것은 어려운 일이 아닙니다. 법무사를 찾아가서 비용을 지불하면 필요한 서류와 절차를 친절하게 안내해줍니다. 통상적으로 50~60만 원 정도의 비용이 듭니다. 하지만 법무사가 대신해줄 수 없는 부분, 즉 스스로 결정하고 준비해야 할 핵심적인 부분들이 있습니다. 저희 부부는 매수자가 건물 매입을 위해 법인을 설립하는 일까지 함께 진행하고 있습니다. 법인 설립은 정확히 알고 준비해야 과정에서 혼란을 줄이고 시간과 비용을 아낄 수 있기 때문입니다. 이번 글에서는 가족 법인을 만드는 과정에 대해 살펴보겠습니다.

법인을 만들기 위한 첫 번째 단계는 법인의 기본 사항을 결정하는 것입니다. 그중에서도 가장 먼저 해야 할 일은 법인의 이름을 정하는 일일 겁니다. 이미 개인 사업자를 가지고 있다면 동일한 이름으로 지어도 좋습니다. 단, 동일 지역 안에 이미 같은 이름의 법인이 존재하면 등록이 불가하기 때문에 인터넷 등기소 '법인 상호 검색'을 통해 미리 확인해보는 것도 방법입니다.

주주 구성도 미리 정리해야 합니다. 누가 몇 퍼센트의 주식을 가질지, 누가 대표이사를 맡을지를 결정합니다. 만약 배우자와 아이가 하나 있다면, 본인이 50%, 배우자 30%, 아이 20% 이렇게 설정할 수도 있고, 본인이 40%, 배우자 30%, 아이 30%로 맞출 수도 있을 겁니다. 지분에 대해서는 여러 방향으로 생각해볼 수 있습니다.

법인의 사업 목적도 신중하게 작성해야 합니다. 법인은 정관에 기재된 사업만 할 수 있기 때문에 당장 영위할 사업뿐 아니라 앞으로 가능성이 있는 다양한 업종을 미리 넉넉히 적어두는 것이 좋습니다. 건물을 살 때만 이 법인을 쓴다면 부동산임대업만 들어가도 되지만, 이 법인을 사업 목적으로 계속 영위할 생각이라면 건물 임대 관리를 하면서 광고업, 제조업 등 어떤 사업이든 함께 할 수 있습니다. 특히 건물 투자 목적이라면 법인의 본점 주소를 정할 때 과밀억제권역을 반드시 피해야 합니다. 과밀억제권역 내에 위치한 법인이 5년 안에 건물을 매입할 경우, 취득세가 2배에서 3배까지 중과될 수 있기 때문입니다. 또 자본금은 얼마로 설정할지도 고민해야 하는데, 기본적으로는 500만 원부터 설정할 수 있지만 신생 법인의 경우 대출을 위해서는 은행에서 자본금을 많이 보기 때문에 적절한 금액으로 설정하는 것이 좋습니다.

그다음으로 준비해야 할 것은 잔고증명서입니다. 법인 설립을 신청할 때는 법인 자본금 이상의 금액이 통장에 실제로 있어야 하며, 이를 공식적으로 증명하는 잔고증명서를 은행에서 발급받아야 합니다. 중요한 점은, 잔고증명서 발급일이 곧 법인의 설립일로 간주되기 때문에 법인 정관에 명시하는 날짜와 정확히 일치해야 한다는 점입니다. 만약 날짜가 어긋나면 법인 등기 자체가 거부될 수 있습니다.

이제 본격적으로 법인 등기 신청을 준비합니다. 법무사를 이용하면 안내에 따라 서류만 준비하면 되지만, 셀프 등기를 고려하는 경우라면 법인 정관, 발기인 회의록, 취임승낙서, 주식 인수 증서, 임원의 인감증명서, 주민등록초본, 잔고증명서 등을 꼼꼼하게 준비해야 합니다. 법인 인감 도장도 미리 만들어야 하며, 등기 신청 서류에는 반드시 인감도장을 찍어야 합니다. 서류를 모두 준비해 등기소에 제출하면 별다른 문제가 없을 경우 약

3~5일 정도면 법인 등기가 완료됩니다.

이렇게 법인 등기가 끝나면 세무서에 가서 사업자 등록을 합니다. 등기부등본, 임대차계약서, 인감증명서 등 필요한 서류를 준비해 세무서에 제출하면 하루 정도가 걸려 사업자 등록이 완료됩니다. 만약 신고나 허가가 필요한 업종이라면 구청에 먼저 들러야 하고, 이 경우 며칠 더 소요될 수 있습니다. 공공기관 방문이 어렵다면 홈택스(국세청 온라인 시스템)를 통해 온라인으로 사업자 등록을 진행할 수도 있습니다.

모든 절차를 마치고 사업자 등록증을 받았다면, 이제 드디어 법인 사업체의 대표가 된 것입니다. 하지만 법인을 설립했다고 해서 자동으로 돈이 벌리는 것은 아닙니다. 법인은 절세나 대출 같은 전략을 활용할 수 있는 수단일 뿐, 그 자체로 수익을 창출해주지는 않습니다. 결국 법인을 활용해 어떤 사업을 할지, 어떻게 수익을 만들고 성장할지를 고민하고 실행하는 것은 전적으로 법인 대표의 몫이라고 할 수 있습니다.

많은 투자자들이 "건물은 법인으로 매입해야 한다"는 말을 듣고 계약도 하기 전에 법인부터 설립하곤 합니다. 그러나 법인 설립 후 아무런 수익이나 재무제표 관리 없이 방치하면 쓸모 없는 법인이 되어버립니다. 재무제표가 마이너스인 법인은 오히려 대출에 불리하며, 결과적으로 새로운 법인을 다시 만들어야 하는 상황이 발생합니다. 계약 후에도 충분히 법인을 설립할 수 있으므로 불필요한 비용을 줄이기 위해서는 계약 이후 설립을 고려하거나 미리 만든다면 반드시 재무 관리도 함께 병행해야 합니다. 또한 계약서 특약에 '잔금 이전에 법인 명의로 변경 가능하다'는 내용을 반드시 포함해야 합니다. 이를 생략하면 명의 변경이 불가해 큰 문제가 발생할 수 있습니다.

저희는 2019년에 '빌딩 부부' 법인을 설립했습니다. 초기에는 대표 단독으로 주주 구성을 했지만, 이후 배우자와 자녀를 포함하는 가족 법인 형태로 확장했습니다. 현재 지분은 대표가 50%, 배우자가 30%, 자녀가 20%를 보유하고 있습니다. 이렇게 구성한 이유는 향후 자연스럽게 자녀에게 증여가 이루어질 수 있도록 하기 위함입니다. 법인을 설립할 당시 저희는 자본금을 5천만 원으로 설정했습니다. 이 자본금의 20%에 해당하는 1천만 원을 자녀에게 무상 증여했는데, 이때 증여세는 발생하지 않았습니다. 아이 출생 이후 10년 동안 2천만 원까지는 무상으로 증여할 수 있기 때문입니다. 결국 저희는 아이에게 증여세 없이 자연스럽게 법인 지분 20%를 넘겨줄 수 있었습니다. 이 방식의 가장 큰 장점은 시간이 흐르면서 드러납니다. 법인이 영업 활동을 통해 자산을 축적하고, 이후 법인 명의로 건물을 매입했을 때, 아이는 별도의 추가 비용 없이 그 건물의 20%를 자연스럽게 소유하게 되는 구조가 완성되기 때문입니다.

다만, 요즘처럼 50억 원, 100억 원대의 고가 건물을 매입하는 경우에는 상황이 조금 달라집니다. 은행 대출을 고려할 때, 법인의 자본금 수준을 매매 금액에 맞춰 설정해야 하는 경우가 많기 때문입니다. 예를 들어, 100억 원짜리 건물을 매입할 때는 최소 5억 원 이상의 자본금을 요구받을 수 있습니다. 이 경우, 자본금이 커지기 때문에 20% 지분을 증여하면 증여세가 발생할 수밖에 없습니다. 따라서 자본금을 미리 적정 수준(예: 1억 원)으로 맞춰 놓고, 초기에 20% 지분을 증여해 두는 것이 중요합니다. 이렇게 하면 자녀 1명당 2천만 원 이하 증여로 증여세 없이 지분을 확보할 수 있습니다. 자녀가 2명이라면 각각 20%씩 배분하고, 부부가 각각 30%씩 가져가 100%를 맞추는 방식이 일반적입니다.

정리하자면, 법인을 처음 설립할 때부터 가족을 주주로 포함하고, 자본금 규모를 적절히 조정해 초기에 지분을 증여해 두어야 합니다. 만약 이를 준비하지 않으면 시간이 지나 법인 가치가 상승했을 때 지분 증여를 시도할 경우, 상당한 증여세를 부담해야 하는 상황이 벌어질 수 있습니다. 현재 빌딩 부부는 법인 재무제표를 마이너스 없이 꾸준히 관리하고 있으며, 향후 자녀가 성인이 되었을 때 자연스럽게 지분을 승계할 계획입니다. 이렇게 하면 향후 증여나 상속을 고민할 때 별다른 부담 없이 자연스럽게 자산이 이전될 수 있습니다.

마지막으로 덧붙이자면, 가장 중요한 건 자녀가 이런 사실을 모르는 것이 좋다는 점입니다. 요즘 강남 아이들 사이에서는 "너희 집 전세야, 월세야?"를 넘어 "넌 법인 지분 몇 퍼센트 있어?"라고 물어본다는 이야기도 들립니다. 자산을 일찍 물려준다고 해도 자녀에게 지나친 기대감을 심어주지 않고, 자신의 인생을 스스로 개척하도록 하는 것이 더욱 중요합니다.

이 방법은 겉으로는 단순해 보이지만 실제로는 굉장히 현실적이고 강력한 전략입니다. 법인을 통한 가족 증여 구조를 만드는 것은 지금이라도 늦지 않았습니다. 많은 분들이 미리 준비해두시길 추천합니다.

07

좋은 상권,
돈이 흐르는 길을 찾아라

건물 투자에 뛰어들 때 가장 먼저 해야 할 일은 상권을 제대로 읽어내는 것입니다. 특히 상권 분석에서는 무엇보다도 공실률을 살펴봐야 합니다. 공실이 많다는 것은 임차 수요가 약하다는 뜻이므로 투자를 신중하게 고려해야 합니다. 그다음으로 중요한 것은 임차 업종입니다. 주변 건물에 어떤 업종이 들어와 있는지를 보면 상권의 성격과 안정성을 가늠할 수 있습니다. 세 번째는 근생(근린생활시설)의 활용도를 살펴보는 것입니다. 해당 지역의 건물들이 몇 층까지 근생 업종으로 사용되고 있는지를 체크해야 합니다. 예를 들어, 3~4층까지 학원이나 병원이 활성화

되어 있다면 상권의 깊이가 있다는 의미입니다. 반면, 1~2층까지만 활성화되어 있다면 상권의 한계가 명확할 수 있습니다.

또한, 상권을 분석할 때 단순히 지도만 보고 판단하는 것은 부족합니다. 직접 현장을 방문해서 사람들의 주 동선을 확인해야 합니다. 아파트나 주거지에서 지하철이나 버스정류장까지 가는 주요 동선에 건물이 위치해 있는지 혹은 동선에서 벗어나 외진 곳에 있는지를 체크해야 합니다. 상권의 활동 시간대도 꼭 고려해야 합니다. 어떤 곳은 낮에는 한산하지만 저녁에 인파가 몰리는 '야간 상권'일 수 있고, 어떤 곳은 평일보다 주말에 더 활발할 수도 있습니다. 따라서 주중 낮, 주중 밤, 주말 이렇게 세 번은 현장을 방문해서 실제 유동 인구를 확인해보는 것이 좋습니다.

요즘은 보다 정밀한 상권 분석을 위해 다양한 유동 인구 측정 앱이나 매출 추정 앱도 활용하고 있습니다. 과거에는 빵집 앞에 나와 있는 박스 개수나 가게 앞에 세워진 오토바이 대수로 매출을 짐작했지만, 지금은 데이터 기반으로 훨씬 체계적인 분석이 가능합니다. 또한 소상공인시장진흥공단의 '상권정보시스템'을 통해서도 연령대 분포, 직업군, 소득 수준 등 세밀한 데이터까지 파악할 수 있어 임차 업종이나 브랜드 제안에도 활용할 수 있습니다.

최근에는 식음료 매장뿐만 아니라, 공유 오피스나 공유 창고 같은 새로운 업종 수요도 고려하는 것이 중요해졌습니다. 특히 지하 공간처럼 공실이 나기 쉬운 곳은 창고나 특화된 임대 수요를 찾아내야 합니다.

좋은 건물을 고른다는 것은 단순히 위치나 가격만 보는 것이 아니라 현재 상권의 공실률, 입주 업종의 다양성, 근생 활성화 정도, 주 동선과 건물 위치, 시간대별 유동 분석, 미래 임차 업종 가능성까지 종합적으로 고려해서 판단해야 합니다. 발로 뛰며 현장을 확인하고, 데이터를 함께 분석하는 것, 이것이 제대로 된 상권 분석이라고 볼 수 있습니다.

상권 분석을 위한 사이트와 앱

1. **오픈업**(매출 분석): www.openup.com

2. **국토교통부**: www.molit.go.kr/portal.do

3. **서울시 상권분석 서비스**: golmok.seoul.go.kr/main.do

4. **나이스비즈맵**(일 평균 유동 인구 분석): www.nicebizmap.co.kr

5. **밸류맵**(실거래가): www.valueupmap.com

6. **디스코**(실거래가): www.disco.re

7. **부동산정보통합열람**: kras.seoul.go.kr

8. **랜드북(AI추정가)**: www.landbook.net

9. **부동산플래닛(AI추정가)**: www.bdsplanet.com

10. **위성지도 기반 공간정보**: map.vworld.kr

11. **부동산 통계정보시스템**: www.reb.or.kr

건물 투자자라면 상권 분석과 더불어 매물 분석도 스스로 해 낼 수 있어야 합니다. 특히 요즘 건물 투자 초보자들 사이에서는 밸류맵이나 디스코와 같은 앱이 많이 알려져 있습니다. 하지만 막상 들어가 보면 색깔 구분도 복잡하고, 숫자도 어려워서 막막해하는 분들이 많습니다. 그래서 저희가 매일 실제로 활용하는 '밸류맵 사용법'을 아주 쉽게 정리해봤습니다.

1. 밸류맵 화면 이해하기

- **파란색**: 이미 실거래 완료된 매물

- **빨간색**: 현재 시장에 매물로 나온 건물

- **보라색**: 상가 매물

- **초록색**: 경매 물건

색깔 구분만 익혀도 매물 상태를 빠르게 파악할 수 있습니다.

2. 매물을 소개받으면 제일 먼저 평당가 확인

추천받은 매물이 있다면 '단가' 버튼을 눌러 평당 가격을 확인합니다. 예를 들어, 어떤 매물이 평당 3,500만 원에 나왔다면 주변에 나온 다른 매물들은 평당 얼마 대인지 비교하고, 최근 5년 이내의 실거래가 평당가도 비교합니다. 최근 5년 내 거래 사례만 필터링합니다. 너무 오래된 거래는 시장 가격과 차이가 커서 오히려 혼란스러울 수 있습니다.

3. 메인 거리와 골목의 차이 구분

메인 상권은 가격이 높고 유동 인구가 많습니다. 한 블록만 안으로 들어가도 평당가가 10~20% 이상 떨어지는 경우가 많습니다. 지도를 볼 때 '내 매물 위치가 주 동선상에 있는지, 골목 안쪽인지' 꼭 체크합니다.

4. 평당가 비교 시 주의사항

같은 용도끼리 비교: 근린생활시설(상가)과 다가구주택은 구분해야 합니다.

도로 폭 비교: 4m 도로와 6m 도로는 가치가 다릅니다.

건물 상태 고려: 신축 건물은 건물 가치를 따로 계산해서 땅값만 비교해야 정확합니다. 평당가는 무조건 '땅값 기준'으로 비교합니다.

5. 밸류맵의 한계와 주의점

매물 업데이트가 늦어 정확하지 않은 경우가 많습니다. 신축과 구옥 비교 시 건물 가치를 감안하지 않기 때문에 단순 평당가 비교로는 부족할 수 있습니다. 따라서 중개인의 실시간 정보나 소유주 확인을 병행해야 안전합니다.

건물 매입을 고민할 때 매물을 추천받으면 밸류맵을 켜서 주변 평당가, 거래 사례, 도로 폭, 건물 용도 이 네 가지를 반드시 직접 확인해봅니다. 스스로 분석할 수 있어야 좋은 매물을 골라낼 수 있습니다. 이렇게 상권 분석과 매물 분석의 기본기를 다지면, 초보자라도 전문가처럼 부동산 시장을 읽을 수 있습니다.

부동산 투자에서 가장 위험한 것이 바로 '남이 추천한 매물을 아무 판단 없이 사는 것'입니다. 반드시 발품과 데이터를 함께 활용하는 자기 분석력을 키워나가야 합니다. 그것이 진짜 부를 만들어주는 힘입니다.

08

건물 매입 시
임차인 리스크를 막는 방법

건물을 매입할 때 매수자가 가장 두려워하는 리스크 중 하나는, 잔금을 치른 후 임차인이 갑자기 나가버리는 것입니다. 건물주가 바뀌자마자 임차인이 계약을 승계하지 않고 바로 퇴거해버리는 경우, 매수자는 상상도 못한 손실을 떠안게 됩니다. 이런 일이 가능한 이유는 우리나라 상가임대차보호법 때문입니다. 상가임대차보호법은 임차인을 보호하기 위해 만들어진 제도라서 임대인이 바뀌는 시점에 임차인에게 승계 여부를 선택할 권리를 줍니다. 임차인이 새 건물주가 싫다면 기간이 얼마나 남았든 나가버릴 수 있습니다. 반면 건물주는 10년 동안 임차인을 강제

퇴거시킬 수 없습니다. 이 불균형은 바꿀 수 없는 현실이기 때문에 이 법을 인정하고 '대응하는 방법'을 미리 마련해야 합니다.

해결책은 잔금을 치르기 전에 반드시 임차인 승계 의사를 서류로 확인해 두는 것입니다. 건물 매매 계약을 체결한 직후, 매도인에게 요청해서 임차인들에게 미리 연락을 돌리게 합니다. '조만간 건물주가 바뀔 예정이니, 새로운 건물주 측에서 연락이 갈 것이다'라고 고지해야 하는 것이죠. 그리고 잔금 날짜 최소 2주 전에는 중개인이 임차인을 직접 만나러 가야 합니다. 이때 '임차인 승계 확인서'라는 서류를 들고 갑니다. 이 서류에는 현재 임차인이 운영 중인 사업장의 보증금, 월세, 관리비 등이 명확히 기재되어야 하고, 새로운 건물주(매수자)에게 계약 조건을 동일하게 승계하겠다는 의사를 임차인의 서명과 도장으로 확인받아야 합니다. 이 과정이 중요하고, 임차인이 몇 명이든 며칠에 걸쳐 반드시 확인해야 하는 이유는 첫째, 매도인이 임차 현황을 속이지 않았는지 검증할 수 있습니다. 둘째, 임차인의 퇴거 의사를 사전에 확인해 리스크를 차단할 수 있습니다. 셋째, 보증금이나 월세가 계약서와 실제 다른 경우를 걸러낼 수 있습니다.

사실 법적으로 중개인이 이 과정을 해야 할 의무는 없습니다. 건물 중개 계약은 계약서 작성과 도장 날인까지만 책임지기 때문입니다. 임차인 승계 확인은 서비스 차원의 추가 업무입니다. 그래서 이 과정을 생략하거나 '그건 매수자 책임'이라며 떠넘기는 중개인도 많습니다. 하지만 좋은 중개인은 반드시 이 과정을 챙깁니다. 저희는 항상 100% 직접 임차인을 만나 승계 확인을 받아왔습니다. 그래야 매수자, 매도자, 임차인 모두를 보호할 수 있기 때문입니다. 그리고 간혹 매입 후에 임차인과 계약서를 다시 작성하는 과정에서 임차인이 "사업자를 가족 명의로 바꿔달라"고 요청하는 경우가 더러 있습니다. 하지만 이는 상가임대차보호법상 임차인의 권리를 초기화하는 행위가 될 수 있으며, 이후 10년간 임대료 인상에 제약을 받게 됩니다. 실제로 이런 요청은 임차인이 권리 보호 기간을 연장하기 위한 의도로 제시하는 경우가 많으므로, 중개인과 상의 후 신중하게 판단해야 합니다.

그럼에도 불구하고 모든 리스크를 완벽하게 막을 수는 없습니다. 예를 들어, 과거에 저희가 맡았던 한 사례에서는 대기업 직영 매장의 지역 관리자와 승계 확인서를 썼지만, 막상 본사 차원에서는 계약 승계를 거부해버린 경우가 있었습니다. 결국 본사의 결정 앞에서는 지역 관리자의 사인도 소용이 없었던 거죠. 다행히 잔금 전 이슈가 발견되어 매수자는 매입 의사를 유지하는 대신 매도자로부터 6천만 원을 보전받고 문제를 해결했습니다. 이런 경우를 통해 알 수 있는 것은 잔금 전에 임차인의 사실

관계를 최대한 깊게 확인해야 하고, 아무리 꼼꼼히 준비했더라도 예상하지 못한 리스크는 존재할 수 있다는 점입니다.

만약 이미 매매 계약은 썼지만 아직 잔금을 치르지 않았다면 지금이라도 중개인에게 "임차인 승계 확인서를 받아달라"고 요구해야 합니다. 이 요청은 과도한 것이 아니라 당연한 매수자의 권리입니다. 또한 매도인도 이런 사정을 미리 인지하고 있어야 합니다. 임차인이 나갈 가능성이 있으면 계약서 작성 단계에서 매수자에게 충분히 고지해야 합니다.

"3층 임차인이 나갈 수도 있습니다. 그러나 주변 공실이 적어 빠르게 새 임차인을 맞출 수 있습니다."

이렇게 투명하게 말하면 오히려 매수자의 신뢰를 얻을 수 있습니다.

여기서 발생할 수 있는 오해를 하나 더 짚고 넘어가겠습니다. 보통 "통임차 건물은 위험하다"는 말이 있지만 실상은 그렇지 않다는 것입니다. 통임차든 개별 임차든 각각 장단점이 있습니다. 통임차는 만약 하나의 임차인이 나가면 공실이 크게 발생할 수 있는 리스크가 있지만, 그만큼 관리가 편하고 안정적인 임대수익을 주기도 합니다. 개별 임차는 공실 리스크가 분산되지만, 관리와 임대차 관리가 더 까다로울 수 있습니다. 따라서 매입하려는 건물의 특성과 본인의 투자 전략에 맞춰 판단해야 합니다. 꼼꼼히 준비하고 미리 리스크를 인지하는 것만이 좋은 투자로 이어질 수 있는 지름길입니다.

09

용도 변경,
그냥 되는 줄 알았다면 오산이다

정말 쉽지 않았던 계약 사례를 소개해보려 합니다. 주택으로 등록되어 있던 건물을 근생(근린생활시설)으로 용도 변경하여 잔금을 치르려던 과정에서 겪은 이야기입니다. 겉보기에는 간단해 보였지만, 예상치 못한 문제들이 잇따라 터져 나오면서 계약이 지연되고 절차가 복잡해졌습니다. 특히 다가구 주택을 매입한 뒤 직접 리모델링하거나 용도 변경을 통해 가치를 높이려는 계획이 있는 분들은 이 사례를 통해 꼭 짚어야 할 핵심 포인트와 주의해야 할 함정을 미리 알아두시길 바랍니다.

올 근생(전체가 근생 용도) 건물은 가격이 매우 비쌉니다. 그래서 많은 분들이 비용을 절감하고자 주택을 사서 리모델링하고 용도 변경을 통해 근생으로 전환하는 방법을 고민합니다. 하지만 이 과정이 결코 간단하지 않습니다. 대부분의 경우에는 순조롭게 진행되지만, 어떤 경우에는 생각보다 훨씬 복잡하고 많은 변수가 발생하기도 합니다.

저희가 진행했던 마포구의 한 매물이 있었습니다. 사실 '마포구 용도 변경'이라고 하면 지금도 저희는 학을 뗍니다. 구청 주무관님 성함까지 외울 정도로 여러 번 얼굴을 대면해야 했습니다. 매물 자체는 히스토리가 있던 물건이었습니다. 매도자가 가족 간 불화로 인해 재산을 정리하는 상황이었고 그래서인지 굉장히 평당가가 저렴하게 나왔습니다.

건물 구성은 지하 1층부터 2층까지는 근생 업종, 특히 1층에는 꽤 유명한 맛집이 입점해 있었고, 3~4층은 주택으로 되어 있었습니다. 상황만 보면 딱 좋은 매물이었고, 건축사 사전 검토에서도 "용도 변경에는 무리 없습니다"라는 긍정적인 답변을 받았습니다. 그렇게 저희는 고객에게 브리핑을 하고 계약을 성사시켰습니다.

그러나 문제는 그 이후에 발생했습니다. 건축물대장에는 별다른 불법 표시가 없었기 때문에 안심하고 있었지만, 구청에는 옛날 기름종이로 그려진 도면이 보관되어 있었고, 이 도면과 현재 상황은 전혀 달랐습니다. 문제는 예상보다 훨씬 심각했습니다. 1층의 음식점이 사용하고 있던 공간의 절반가량, 즉 50%가 불법 증축 상태였던 것입니다. 이 사실을 알게 되자마자 건축사와 상의해 일단 불법 부분을 없애고 다시 도면을 그리자는 결론을 내렸습니다. 그러나 건물이 1997년에 준공된 오래된 건물이라 내진 설계가 되어 있지 않았습니다. 결국 내진 보강 공사를 해야 했고, 이 비용만 8천만 원이 추가로 발생했습니다.

여기서 매수자와 매도자 간 갈등이 생겼습니다. 이 비용을 누가 부담할 것인가? 매도자는 "나는 몰랐다"고 주장했고, 매수자는 "잔금을 치를 수 없다"고 맞섰습니다. 결국 이 문제를 해결하기 위해 임차인과 협의를 거쳐 불법 사용 부분을 벽돌로 임시 차단하고, 도면을 수정해 다시 용도 변경을 신청했습니다. 하지만 담당 주무관은 쉽게 현장에 나와주지 않았고, 저희는 임차인, 매수자, 매도자 모두가 한마음이 되어 구청에 수차례 요청했습니다. 그럼에도 불구하고 허가는 쉽게 떨어지지 않았고, 원래는 3개월 안에 끝나야 했던 잔금이 무려 1년 6개월이나 걸리는 대장정이 되었습니다. 게다가 벽돌로 막은 음식점 내부는 한 달 넘게 방치된 탓에 식자재 부패, 냉장고 고장과 같은 추가 피해가 발생했습니다. 결국 이 피해들도 모두 매수자 측에서 보상해주는 방향으로 마무리 지을 수밖에 없었습니다.

이 사례에서 강조하고 싶은 핵심은 단순합니다. '이런 일이 발생하지 않으려면 어떻게 해야 하는가?'입니다.

첫째는 건축물대장만 믿지 말고, 반드시 구청에 현황 도면이 존재하는지 확인해야 합니다. 현황 도면이 있다면 그 도면과 현재 건물 상태를 최대한 비교 검토해야 합니다. 둘째는 가능하다면 건축사를 사전에 섭외해서 현장 실사를 함께 진행하는 것이 안전합니다. 왜냐하면 일반 매수자는 건물 구조나 불법 여부를 육안으로 정확히 판단하기 어렵기 때문입니다. 셋째는 특히 음식점이나 근생 업종이 들어가 있는 건물이라면 밥을 먹는 척하면서라도 내부를 살펴보고, 도면과 실제 사용 공간이 일치하는지 최대한 파악해봐야 합니다. 넷째는 매수자 입장에서 임차인이 사용 중인 공간 내부까지 완벽하게 확인하는 것은 현실적으로 불가능하므로 중개사가 적극적으로 리스크를 검토하고 해결하는 역할을 해야 한다는 점입니다.

실제로 이 사례에서도, 건축사까지 불러 사전 검토를 했지만 예상치 못한 변수(내진 설계 누락, 불법 증축) 때문에 굉장히 많은 시간과 비용이 소요되었습니다. 그래서 아무리 전문가를 동원한다고 해도 완벽하게 리스크를 제거하는 것은 불가능할 수 있다는 사실도 알 수 있었습니다. 발생할 수 있는 모든 리스크를 100% 방어한다는 것은 어렵습니다. 그래서 적극적으로 현장과 서류를 꼼꼼히 체크하고, 계약 전부터 구조적 리스크를 충분히 안내받아 이해한 뒤 매입을 결정해야 할 것입니다.

10

명도,
끝날 때까지 끝난 게 아니다

명도가 정말 힘들었던 계약 사례가 있었습니다. 우선, 이 건은 굉장히 급매물이었고 평당가도 저렴했습니다. 강남에 위치한 다가구 주택이었고, 임차인만 14호실이 있는 규모였습니다. 계약 조건은 '매도자가 잔금일까지 모든 임차인을 명도해주는 것'이었고, 이 내용으로 계약서를 작성했습니다. 매수자는 계약금과 1차, 2차 중도금을 순차적으로 납입하면서 명도 과정을 기다렸습니다. 보통 계약을 체결하고 나면 매도자는 중도금으로 받은 자금을 활용해 임차인들에게 보증금을 돌려주고, 이사 비용을 지원하며 명도를 진행합니다. 계약 전에도 매도자는 임차인들과 충분히 협의를 했다고 했고, 계약서상 특약 역시 완벽했습니다. 서류상으로만 보면 아무런 문제가 없어 보였지요.

하지만 잔금일을 두 달 정도 앞둔 시점에서 확인해본 결과, 14호 중 단 2호만 명도가 완료된 상태였습니다. 12개 호실은 여전히 명도되지 않고 있었던 것입니다. 이는 명백히 매도자의 명도 불이행이었고, 당연히 매수자 입장에서는 큰 충격이었습니다. 일반적인 경우라면 중개인은 매수자에게 계약 해제를 권유했을 것입니다. 즉, 계약금과 중도금을 배액 배상받고 계약을 파기하는 방법입니다. 하지만 매수자는 잔금을 치르고 싶다는 강한 의지를 보였고, 매도자 역시 명도를 포기하지 않고 어떻게든 진행해보겠다는 태도를 보였습니다.

결국 저희는 이 계약을 포기하는 대신, 적극적인 해결을 선택했습니다. 임차인 한 명 한 명에게 직접 연락을 취하고, 매수자가 기납입한 중도금에 대한 가압류를 걸어 법적 압박 수단을 마련한 상태에서 임차인 설득 작업에 들어갔습니다. 그러나 설득은 간단하지 않았습니다. 한 명 한 명 상황을 듣고, 보증금 반환 절차를 안내하고, 나갈 수 있도록 현실적인 협상을 해야 했습니다. 이 과정은 단순히 돈을 주고 끝나는 문제가 아니었고, 임차인들의 다양한 사정을 고려해 조율해야 하는, 매우 섬세하고 까다로운 과정이었습니다. 그렇게 약 2주 동안의 치열한 설득

끝에 전 임차인의 명도를 마무리할 수 있었고, 예정된 잔금일보다 지연되긴 했지만 무사히 잔금까지 완료할 수 있었습니다.

이 사례를 통해 조언을 드리자면 계약금과 중도금을 모두 납입한 상태에서 이런 일이 발생했을 경우, 중개인을 신뢰하고 적극적으로 협력하는 자세가 매우 중요합니다. 만약 매수자가 중개인에게 책임을 묻고 몰아붙이는 분위기라면 중개인도 적극적으로 움직이지 않았을 겁니다. 하지만 이 경우 매수자분이 "문제가 생겼지만, 함께 해결해나가자"는 태도로 함께 해주셨기 때문에 저희도 끝까지 포기하지 않고 해결할 수 있었습니다. 또한 만약 상황이 너무 심각하고 매도자의 협조가 어려운 경우라면 법적 해지나 계약 해제를 선택하는 것도 방법입니다. 무리하게 끌고 가는 것보다는 현실적으로 타협점을 찾는 것이 정신적·경제적으로 훨씬 낫기 때문입니다.

이번 사례는 명도 이슈가 14호실 전체에 걸쳐 있었다는 점에서 규모가 컸고, 명도까지 거의 6개월 이상이 소요되었던 힘든 케이스였습니다. 하지만 사실 이런 일은 다가구 주택뿐 아니라 근생 건물에서도 자주 발생합니다. 특히 1층 임차인이 큰 임대료를 차지하고 있을 경우, 권리금 문제나 추가 보상 요구로 명도가 지연되는 경우도 많습니다. 그래서 앞으로 비슷한 계약을 체결할 때는 매매 계약서 특약 사항을 매우 꼼꼼히 작성해야 합니다. 명도 실패 시 계약 해지 여부, 명도 완료 기한, 잔금일 조정 가능성, 명도 지연 시 배상 책임 등을 사전에 명확히 기재해 두어야 합니다. 다만, 특약은 매수자 편만 들 수도, 매도자 편만 들 수도 없습니다. 계약서는 양쪽 '합의'의 결과물이기 때문에 매도자와 매수자 모두에게 불합리하지 않은 선에서 협의하는 것이 중요합니다.

또한, 중개인의 역할을 너무 과신하거나 오해하지 않는 것도 중요합니다. 법적으로 중개인은 계약 체결까지의 책임만 있으며 명도 이행은 매도자와 매수자 간 합의사항입니다. 그럼에도 불구하고 신뢰할 수 있는 중개인을 만난다면 예상치 못한 문제 상황에서도 적극적으로 도움을 받을 수 있습니다. 부동산 거래는 신뢰의 문제입니다. 계약서를 쓴다고 끝나는 게 아니라 명도, 용도 변경, 각종 허가 절차에서까지 끊임없이 문제가 발생할 수 있습니다. 그때마다 함께 해결하려는 중개인과 매수자의 협력이 매우 중요하다고 볼 수 있습니다.

11

급매물의 기준,
급매물이란 무엇인가

급매물은 단순히 '가격이 싸다'는 이유 하나만으로 판단해서는 안 됩니다. 급매물에는 '급하게 팔 수밖에 없는 사정'이라는 전제가 반드시 깔려 있어야 하며, 이 사정이 구체적으로 무엇인지 파악해야 진정한 급매물인지 아닌지를 판단할 수 있습니다.

우선, 대표적인 급매 사유로는 상속 이슈가 있습니다. 갑작스럽게 소유자가 사망하고, 상속등기가 완료되기 전 상속인들이 건물을 매각하고자 할 때 금액이 시세보다 낮게 조정되는 경우가 있습니다. 이처럼 법적 절차가 완료되지 않은 상태에서 급하게 정리하려는 건물은 시세보다 저렴하게 나올 가능성이 큽니다.

두 번째는 개인적인 긴급 상황입니다. 예를 들어, 건강상의 문제로 갑자기 치료비가 필요한 경우나 이혼, 사업 실패 등으로 인해 자산을 빠르게 정리해야 하는 경우에도 급매물이 시장에 등장합니다.

세 번째는 경매 직전 매물입니다. 채무를 이행하지 못해 경매에 넘어가기 직전 단계에서 소유주가 "경매 절차를 피하고 빠르게 현금화하겠다"는 목적으로 내놓는 경우입니다. 이 경우 등기부등본을 열람해보면 갑구와 을구가 복잡하고 근저당, 가압류, 체납 압류 등이 다양하게 얽혀 있는 것을 볼 수 있습니다. 물론 이런 물건은 위험 요소도 많기 때문에 반드시 전문가와 충분히 검토하고 접근해야 합니다.

급매물이라고 판단하려면 반드시 금액적 메리트가 수반되어야 합니다. 시세 대비 현저히 낮은 가격으로 나온 매물이어야 하며 그 가격이 단순한 감정이 아닌, 시장 시세 및 공급 흐름에 비추어 확실히 '싸다'고 판단되어야 합니다.

그다음으로 중요한 요소는 위치입니다. 같은 가격이라도 4m 도로 접한 건물과 맹지 또는 자루형 토지에 위치한 건물은 투자 가치가 확연히 다릅니다. 예를 들어, 신촌에서 88억 원에 산 건물을 80억 원에 급하게 매각한다고 해서 무조건 좋은 거래는 아닙니다. 해당 지역의 수요, 공실률, 장기적인 상권 성장성 등을 종합적으로 고려해야 하며, 단순히 '싼값에 나왔다'는 정보만으로 판단하면 위험할 수 있습니다.

임차 구성도 반드시 체크해야 합니다. 수익형 부동산의 경우, 매매가는 낮아졌는데 임대료 수준이 현저히 낮거나 공실이 많다면 실질적인 수익률이 기대에 미치지 못할 수 있습니다. 또한, 겉으로 보이는 임대료 수치에 현혹되지 말고, 관리비 등 부대 비용을 포함한 실수익을 기준으로 수익률을 계산해야 합니다. 예를 들어, 월세 3천만 원에 관리비가 천만 원이면 총수익이 4천만 원으로 보이지만, 실제로 관리비는 운영비용이므로 순수익은 3천만 원이 아닌 2천만 원에 가까운 경우도 있습니다.

특히 프라자형 건물이나 대형 복합건물의 경우, 인건비나 운영비가 과다하게 소요되는 경우가 많기 때문에 관리비가 높은 구조일 수 있습니다. 이럴 경우 수익률이 과장되어 표기될 가능성이 높기 때문에 반드시 수익률의 계산 방식과 실제 순수입을 따로 확인해야 합니다.

급매물은 이처럼 복합적인 요소가 충족될 때 진짜로 '좋은 기회'가 됩니다. 매물이 시세 대비 충분히 저렴하고, 공실률도 낮으며, 임대 구성도 양호하고, 등기부 등본상 위험 요소가 없다면 빠르게 계약으로 이어지게 됩니다. 실제로 저희가 경험한 진짜 급매물의 경우, 시장에 공개된 지 1~2시간 내에 계약이 성사되는 경우도 적지 않았습니다.

따라서 급매물을 잡으려면 평소에 시장 감각을 길러두는 것이 중요합니다. 매물을 보는 눈을 길러두면 급매물이 나왔을 때 '이건 잡아야 한다'는 판단이 바로 서게 됩니다. 반대로 공부가 부족한 상태에서는 좋은 물건이 나와도 그 가치를 알아보지 못하고 놓칠 수 있습니다.

만약 스스로 분석이 어렵다면, 신뢰할 수 있는 중개인과의 관계를 잘 유지하는 것도 좋은 방법입니다. 중개사 입장에서도 급매물은 늘 가까운 고객, 자주 소통하며 신뢰 관계를 쌓은 고객에게 먼저 소개할 수밖에 없습니다. 이른바 VIP 고객이란 거래 금액이 큰 사람이 아니라 진정성 있게 거래를 준비하고 신뢰를 쌓은 사람을 의미합니다.

이처럼 급매물이란, 모든 조건을 갖춘 후에 빠르게 판단하고 움직여야 하는 기회입니다. 평소의 준비, 안목, 정보력, 그리고 관계가 있어야 진짜 급매물의 주인이 될 수 있습니다.

PART 4.

실제 사례로 보는
건물 투자 인사이트

01

숙박업 건물 투자,
제대로 알고 시작하자

최근 숙박업 관련 투자 문의가 급격히 늘어나고 있습니다. 그 배경에는 여러 가지가 있습니다.

코로나19로 한동안 호텔과 숙박업 시장이 무너졌지만, 코로나 종식 이후 우리나라에 폭발적으로 외국인 관광객이 유입되고 있습니다. 특히 K-POP, K-드라마 등의 인기로 젊은 외국인들이 한국을 찾는 수요가 크게 늘어났습니다. 이처럼 작은 나라임에도 불구하고 에어비앤비 예약 검색률에서도 한국은 전 세계 3위를 기록하며 글로벌 숙박 시장에서 강력한 수요를 보이고 있습니다.

젊은 관광객들은 호텔 비용을 아끼기 위해 여럿이 함께 에어비앤비 숙소를 이용하는 경우가 많습니다. 호텔에서 개별적으로 방을 예약하면 1인당 30만 원이 넘어가지만, 에어비앤비를 이용하면 세 명이 함께 30만 원에 묵을 수 있습니다. 결과적으로 하루당 부담 비용이 10만 원 수준으로 줄어들고, 숙소를 운영하는 입장에서는 일반 월세보다 훨씬 높은 수익을 기대할 수 있습니다. 이러한 흐름에 맞춰 국내에서는 오래된 모텔을 매입해 리모델링하고 호스텔이나 에어비앤비 형태로 운영하는 방식이 급부상하고 있습니다. 요즘 저희가 중개하고 있는 주요 물건도 숙박업 건물이 대부분입니다. 특히 모텔은 대부분 상업지구에 있고, 비교적 적은 초기 자본으로 매입이 가능한 데다 현금 흐름이 뛰어난 특징이 있습니다. 또한 현재 모텔 시장의 매물은 노후된 건물들이 대부분입니다. 기존 소유주들은 나이가 많은 분들이 대부분이고, 운영을 이어가기보다는 매각을 선택하는 경우가 많습니다. 이들은 과거 모텔 운영으로 자녀를 교육시키고, 이제 은퇴를 준비하는 단계에 와 있기도 합니다.

최근 트렌드는 '숙박업의 무인화'입니다. 과거 모텔이 3D 업종으로 기피되었던 이유 중 하나가 사람이 직접 관리하고 대면해야 한다는 점이었지만, 지금은 키오스크 시스템을 도입해 운영을 자동화하고 있습니다. 이로 인해 운영 편의성이 극대화되고, 오히려 숙박업이 긍정적인 수익 모델로 주목받고 있습니다. 특히 소자본으로 투자할 수 있는 숙박업은 일정 시드를 가진 여성 투자자나 직업이 없는 분들에게 매력적인 대안이 되고 있습니다. 직접 운영하더라도 요식업처럼 매일 현장에서 몸을 갈아넣을 필요가 없고, 단기 숙박 수요가 탄탄하기 때문에 20% 이상의 높은 수익률을 기대할 수 있습니다.

현재 서울 기준으로 숙박업 등록이 되어 실제 운영 중인 모텔은 약 500개밖에 남지 않았습니다. 공급이 줄어드는 만큼 희소성은 높아지고 있습니다. 공연장 근처, 예를 들어 구로구, 일산 종합운동장 인근 등에서는 모텔 매물이 나오기만 하면 바로 거래가 이루어지고 있습니다.

젊은 소비자들의 소비 패턴도 숙박업에 유리하게 작용하고 있습니다. 음식은 절약할 수 있지만 숙박비는 절약하지 않는 경향이 있지요. 콘서트, 야구 경기, 공연 관람 후에는 저렴한 숙박시설을 선호합니다. 깨끗하고 깔끔하기만 하면 10만 원 이하의 모텔 숙박도 충분히 선택하고 있으며, 이런 수요는 지속적으로 증가하는 경향입니다. 강남권도 예외는 아닙니다. 성형외과 방문을 위해 한국을 찾는 중국인, 일본인, 동남아시아 관광객들이 장기 투숙할 곳을 찾으면서 신사동, 논현동 일대에서는 주택을 개조해 호스텔처럼 활용하는 사례도 늘어나고 있습니다.

건물 카테고리로 보면, 주거용 오피스텔은 대출이 거의 불가능하지만 상업용 숙박업 건물은 70%에 가까운 대출이 가능해 접근성이 훨씬 높습니다. 따라서 적은 자본으로 숙박업 건물을 매입할 수 있고, 직접 운영할 경우 높은 수익을 올릴 수 있는 구조가 마련되어 있습니다.

전세 사기가 사회적 문제로 떠오른 요즘, 젊은 세대들은 월세나 단기 임대를 선호하는 경향을 보이고 있습니다. 이에 맞춰 주거용 건물의 위층을 에어비앤비나 호스텔로 활용하는 것도 새로운 전략으로 떠오르고 있습니다. 일 단위, 월 단위, 6개월 단위 등 다양한 임대 방식이 가능해져 수익률을 높일 수 있습니다. 이러한 변화에 발맞춰 저희도 상업용 건물뿐만 아니라 숙박업에 적합한 물건을 적극적으로 준비하고 있습니다. 특히 상권과 주변 수요를 면밀히 분석해 건물주에게 최적의 활용 방법을 제안하는 컨설팅도 함께 진행하고 있습니다.

이처럼 숙박업 건물이 최근 거래가 많은 것은 사실이지만, 장점만 있는 것은 아닙니다. 무인화, 키오스크 예약, 앱을 통한 운영 등이 확산되었지만, 여전히 현장을 자주 체크하고 문제가 생겼을 때 직접 해결해야 하는 번거로움이 존재합니다. 또한, 최근 숙박업 건물을 매입하는 분들의 특징을 보면 다른 업종에서 권리금을 받은 후 그 자금을 건물 매입에 사용하는 경우가 많았습니다. 이렇게 되면 임대료가 고정적으로 들어오는 구조가 아니라, 직접 운영하면서 수익을 발생시켜야 하므로 수입이 일정치 않습니다.

모든 업종에 성수기, 비수기가 있듯이 숙박업도 비수기의 영향을 크게 받습니다. 비수기에 맞춰 임대료를 책정한 것이 아니기 때문에 이 부분이 큰 단점으로 작용할 수 있습니다. 숙박업은 결국 '사업'입니다. 단순히 건물주로서 임대료만 받는 것이 아니라 사업체 운영의 개념이 녹아 있습니다. 프랜차이즈 맛집도 망할 수 있듯, 숙박업도 경기의 영향을 받을 수 있으며 특히 코로나와 같은 외부 변수에 민감합니다. 이런 리스크를 반드시 감안해야 합니다.

숙박업의 가장 큰 장점은 앞서 말한 것처럼 '수익률'입니다. 운영 방법에 따라 다르지만, 숙박업이라는 플랫폼은 가공이 가능하고, 수익률이 일반 근생 건물 대비 압도적으로 높습니다. 근생 수익률이 3.5~4% 수준이라면, 숙박업은 7~8% 이상의 수익률도 가능합니다. 특히 부업 또는 전업으로 운영하는 여성분들에게도 적합하고, 예전 모텔 이미지가 많이 개선되어 긍정적인 인식이 확산되고 있습니다. 숙박업 건물의 또 다른 강점은 부동산 가치입니다. 대부분 상업지에 위치해 부동산 자체의 가치도 높습니다. 숙박업을 운영하다가 트렌드가 끝나더라도 상업지의 용적률을 활용하여 리노베이션하거나 용도를 변경할 수 있습니다.

다만, 문제는 물량입니다. 상업지에 있는 모텔 수가 많지 않고, 신규로 모텔 영업허가를 받는 것도 매우 어렵습니다. 기존 영업허가가 살아 있는 물건을 인수해야 하는데, 그 수가 한정적입니다. 숙박업 종류도 다양하지만, 인기 있는 형태는 다음 세 가지로 정리할 수 있습니다.

첫째, 외국인 도시민박사업(외도민 허가, 다가구 주택 기반), 둘째, 근생+숙박업 콜라보 형태의 호스텔, 셋째, 전형적인 모텔 형태입니다. 호텔급은 너무 규모가 커지기 때문에 저희는 주로 이 세 가지를 중개합니다. 각 숙박업 유형마다 허가 조건과 법적 요건도 다릅니다. 빌딩 중개와는 전혀 다른 디테일한 전문 지식이 요구됩니다. 영업허가 승계, 용도변경, 구청 협의 사항 등 꼼꼼히 체크하지 않으면 리스크가 매우 큽니다.

실제 저희는 작년부터 올해까지 숙박업 건물 약 30건을 중개했습니다. 그 과정에서 문제없이 모든 계약을 잔금까지 완벽하게 마쳤으며, 매수 대표님들 모두 현재 성공적으로 운영하고 있습니다. 그러나 저희의 강의를 듣고 다른 업체를 통해 매입한 일부 투자자들 중에서는 문제가 발생한 사례도 있습니다. 예를 들어, 호스텔 변경이 불가하거나, 예상했던 대출이 나오지 않거나,

영업허가 승계가 되지 않는 문제 등이었습니다. 그럴 때마다 안타까운 마음이 듭니다. 문제는 대부분 구청과 사전 협의 없이 무턱대고 중개가 이루어진 경우였습니다.

현재 숙박업 건물 시장은 진입자들이 몰려오고 있는 '격변기'에 있습니다. 손님들은 몰려오는데 물건은 부족한 상황입니다. 하지만 저희는 제대로 된 매물들을 확보하고 있습니다. 용기 있는 자가 기회를 잡는 시기입니다. 숙박업 투자에 관심 있는 분이라면, 지금 이 시장의 흐름을 주목할 필요가 있습니다.

02

숨겨진 리스크,
이런 건물은 사지 마라

건물을 매입할 때 단순히 겉으로 보이는 조건이나 가격만 보고 덥석 계약하는 것은 매우 위험합니다. 우선 요즘 많이 분양되고 있는 신축 상가에 대해서는 각별한 주의가 필요합니다. 최근 신축 분양 상가의 가장 큰 문제는 건축비 상승으로 인한 분양가 과다입니다. 건축비가 급등하다 보니 분양가가 높게 책정되고, 이에 따라 수익을 내려면 임차인에게도 비싼 임대료를 받아야만 합니다. 하지만 시장에서 그 높은 임대료를 감당할 수 있는 임차인을 찾기란 쉽지 않습니다. 결국 공실이 길어지게 되고, 공실 기간 동안 관리비와 대출 이자를 오롯이 분양받은 사람이 부담해야 합니다.

실제 사례로, 문정동 법조타운 주변에 헬리오시티와 함께 신축 상가들이 대거 분양되었지만, 일부 상가들은 2년 동안 임차인을 구하지 못하는 상황이 벌어졌습니다. 위례 신도시 역시 비슷한 상황이 발생했습니다. 분양 당시에는 다양한 혜택(저리 대출, 지원금 등)을 내세워 매수자들을 유혹했지만, 막상 분양을 받고 나니 환금성이 매우 낮아 애를 먹은 경우가 많았습니다. 이는 분양을 주도한 주체가 터를 잘 아는 부동산 중개인이 아니라, 기획부동산이었기 때문이기도 합니다.

구분상가(분양상가)는 기본적으로 '땅'을 사는 것이 아니라 건물 지분을 사는 것이기 때문에 시간이 지날수록 매각이 어렵고 현금화(엑시트)가 힘든 구조입니다. 수익형 부동산이라고 해서 무조건 안정적인 것은 아닙니다. 예외적으로 신사역 사거리처럼 상권이 확실히 검증된 지역의 분양상가는 안정적으로 운영되기도 하지만, 이는 철저한 상권 분석이 뒷받침되어야 가능한 일입니다.

또 다른 주의 사항은 대출 가능성입니다. 겉으로는 20억짜리 매물이라 대출을 어느 정도 기대하고 접근했지만, 막상 알아보니 대출이 거의 나오지 않는 경우가 빈번합니다. 이런 경우 실제로 매입에 필요한 자금은 10억 이상일 수 있는데 이를 사전에 모르고 계약을 진행했다가는 낭패를 볼 수 있습니다. 따라서 분양상가를 비롯한 모든 매물은 계약 전 대출 가능 여부를 반드시 체크해야 합니다.

최근에 급증한 지식산업센터(아파트형 공장)의 매입도 주의가 필요합니다. 신축 분양 시점에는 시행사와 제휴한 은행이 저금리 대출을 제공하지만, 초기 대출 기간이 끝나면 타 은행으로 갈아탈 때 높은 금리를 적용받는 경우가 많습니다. 대출 리스크를 고려하지 않으면 투자 수익성이 급격히 악화될 수 있습니다.

건물을 매입할 때 불법 건축물 여부를 잘 확인해야 합니다. 건축물대장을 보면 '위반 건축물'로 표시된 건물들이 있는데, 이 불법 부분이 있다고 해서 무조건 나쁜 건물은 아닙니다. 중요한 것은 불법의 종류와 해결 가능성을 구체적으로 파악하는 것입니다. 예를 들어, 주차장 위에 데크를 깔아 임시 창고를 만들었다거나 간단한 구조물을 설치한 경우처럼 비교적 물리적으로 쉽게 철거할 수 있는 불법은 크게 문제가 되지 않습니다. 이런 경우에는 계약 과정에서 매도자가 철거해주기로 협의하거나 매수자가 철거 비용을 감안해서 가격을 조정하는 방식으로 충분히 해결할 수 있습니다.

하지만 건축 허가 없이 무단으로 한 층을 추가로 증축했거나 구조상 중요한 기둥을 없애버린 경우처럼 물리적으로 바로 고칠 수 없는 불법은 굉장히 심각한 문제가 될 수 있습니다. 이런 불법이 있는 건물은 대출이 아예 나오지 않거나 대출 한도가 크게 줄어듭니다. 또한, 구청 등 관청에서는 해당 불법 부분에 대해 이행강제금을 부과하는데, 이 금액은 크고 작음에 따라 수천만 원에서 억 단위로까지 올라갈 수도 있습니다. 이행강제금은 불법 부분이 해소되지 않는 한 매년 반복해서 부과되기 때문에 사전에 정확히 파악하지 않으면 큰 재정적 부담으로 이어질 수 있습니다. 문제는 이런 불법 부분을 건물주조차 명확히 인지하지 못하는 경우가 많다는 점입니다.

"내가 그때 지을 땐 아무 문제 없었는데?"

"임차인이 몰래 공사를 한 거라서 몰랐어요."

이런 말들로 넘어가려는 경우도 흔합니다. 그러나 매수자 입장에서는 대출이 막히거나 이후 리스크를 모두 떠안게 되는 상황이 될 수 있기 때문에 계약 전에 건축물 대장과 현황을 꼼꼼히 비교하고 불법 여부를 반드시 확인해야 합니다. 특히 건축물 대장상 '위반 건축물' 표시는 없는지, 위반 내용이 구체적으로 어떤 것인지, 철거나 원상복구가 가능한지, 구조적 문제(예: 기둥 철거)가 있는지 세심하게 체크해야 합니다. 단순히 '불법은 해지하면 되겠지'라고 가볍게 생각했다가는 나중에 엄청난 비용 부담이나 매각 리스크를 떠안게 될 수도 있습니다.

03

매수자들은
어떤 건물을 살까?

앞에서도 강조했지만 완벽한 물건을 찾기는 상당히 어렵습니다. 그래서 단점이 있더라도 그 단점을 어떻게 보완할 수 있을지, 그리고 어느 정도의 리스크까지 감수할 수 있는지를 판단하는 기준을 나름대로 세우는 것이 중요합니다. 이번 글에서는 실제 매입 사례를 통해 매수자가 어떤 기준으로 건물을 매입했는지, 어떤 장점과 단점을 받아들이고 결정했는지 구체적으로 살펴보겠습니다.

첫 번째 물건은 금호동에 있는 건물이었습니다. 이 건물은 5호선 신금호역 5번 출구에서 도보 3~5분 거리의 양면도로 코너에 위치해 접근성이 매우 뛰어났습니다. 주변에는 대규모 아파트 단지가 밀집해 있어 약 12,000세대 규모의 탄탄한 배후 수요를 갖춘 지역이었습니다. 지도상으로도, 현장에 가서도 상권이 잘 형성돼 있는 것을 확인할 수 있었습니다. 최초 매매가는 72억 원이었으나 69억 원까지 가격 조정이 가능했고, 토지 평당가는 약 6,900만 원 수준으로 주변 시세 대비 저렴한 편이었습니다. 특히 1층에 올리브영이 입점해 있어 투자 매력도가 높았습니다. 금융 조건 역시 나쁘지 않아 73억 기준으로 41억까지 대출이 가능한 구조였습니다. 주변 환경도 초등학교, 문화센터, 다양한 생활 인프라가 함께 갖춰져 있었고, 무엇보다 주 7일 상권이라는 점이 가장 큰 장점이었습니다. 오피스만 밀집된 테헤란로 상권과는 달리 주말에도 유동 인구가 꾸준히 이어지는 안정적인 상권이었기 때문입니다.

하지만 이 물건에도 단점이 있었습니다. 바로 지구단위계획에 의해 단독 신축이 불가하다는 점이었습니다. 공동개발지구로 지정되어 있어 혼자서는 신축을 진행할 수 없었습니다. 다만, 현재 건물의 상태가 양호하고, 임차 구성도 탄탄해 굳이 신축이나 대규모 리모델링을 하지 않아도 되는 상황이라 이 단점은 투자에 큰 영향을 주지 않았습니다. 이런 장단점을 충분히 인지한 상태에서 빠르게 계약이 성사된 사례였습니다.

두 번째 물건은 강남권이었습니다. 5호선 신금호역 물건보다 더 심혈을 기울여 준비한 곳이었는데 삼성중앙역 근처에 위치한 자루형 토지를 낀 건물이었습니다. 대지 면적 58평, 연면적 97평으로 2016년에 지어진 비교적 신축 건물이었고, 평당가는 7,500만 원이었습니다. 이 가격은 강남권을 기준으로 보면 상당히 저렴한 편입니다.

다만, 단점도 분명히 존재했습니다. 1층은 근생(상가)으로 되어 있지만, 2~4층은 다가구 주택으로 등록되어 있어 용도 변경이 필요한 상황이었고, 기존 건물 설계상 내력벽이 많아 대수선 공사와 더불어 엘리베이터 설치 공사도 추가로 필요했습니다. 이런 리모델링 이슈에도 불구하고, 토지가 삼성중앙역 인근이면서 평당 7천만 원대라는 메리트가 워낙 컸기 때문에 매입자 입장에서는 장기적으로 리모델링을 하며 수익을 극대화할 수 있는 매력적인 매물이었습니다. 대출도 37억 원까지 가능했고, 실투자금이 19억 원 정도로 20억 이하 자금으로 강남권 건물 매입이 가능한 드문 기회였습니다. 무엇보다 주변 매매 사례를 보면 같은 4m 도로에 접한 자루형 토지 기준으로 8,900만 원~1억 3,000만 원까지 실거래가 찍혀 있었고, 현재 시장에 나온 매물들도 1억 1천만 원 이상이 대부분이었습니다. 그런 점에서 이 매물은 가격적인 경쟁력이 확실했습니다. 또한 건축사 검토 결과, 증축 가능성도 확인되었습니다. 기존 200% 용적률을 최대 250% 까지 확장할 수 있어 추후 임대수익도 1,470만 원 수준으로 높일 수 있는 잠재력이 있었습니다.

이 사례들을 통해 알 수 있는 사실은 완벽한 매물은 없다는 점입니다. 중요한 것은 내가 감수할 수 있는 단점은 무엇인지, 어떤 장점이 이를 보완할 수 있는지 명확히 구분하고 판단하는 안목입니다. 위치는 약하지만 수익률이 탄탄한 매물, 용도 변경이 필요하지만 가격 메리트가 높은 매물, 리모델링 비용이 들지만 입지가 좋은 매물처럼 매수자들은 자신의 투자 목적과 자금 상황에 맞춰 결정을 내립니다. 이 과정을 반복하다 보면 점점 더 '리스크는 줄이고 기회는 키우는' 분석력이 쌓이게 됩니다. 건물이 가진 단점만을 보고 거기에 집중할 것이 아니라 '이 단점을 내가 수용할 수 있는가?'를 기준으로 매물을 검토하는 것이 무엇보다 중요하다는 것을 알 수 있습니다.

건물을 산다는 건 늘 쉬운 선택이 아닙니다. 겉으로 보기에 완벽해 보이는 매물조차 막상 들여다보면 크고 작은 문제들이 숨어 있습니다. 그래서 이번 파트에서는 실제 매수자들이 그런 불안과 리스크를 어떻게 뚫고 매수를 결정했는지 함께 살펴보겠습니다.

04

건물 투자 사례 1:
신뢰로 완성한 사옥, 삶의 철학을 담다

‖ 사례 1: 서울 중구 퇴계로14길 15 ‖

2021년 12월 65억 원으로 계약
(평당 6,852만 원)
제2종일반주거지역
대지 313.6㎡(94.86평)

2023년 6월 26일 준공
지하 1층~지상 5층
총 연면적 860.3 ㎡ (260.24평)

2025년 현 시세 140억 원
(평당 14,893만 원)

회현동에 사옥을 매입하신 한 대표님의 건물 투자 사례입니다. 대표님은 오랜 시간 동안 아웃도어 의류 회사를 성장시킨 임원 출신으로, 현재는 독립하여 의류 수출 관련 사업을 꾸준히 이어오고 있습니다.

대표님은 오랜 시간 동안 여러 지역의 매물을 직접 발품 팔며 임장을 다녔고, 사옥을 매입하는 과정에서도 단순히 부동산의 입지나 가격만이 아니라 '사람과의 신뢰'를 가장 중요한 기준으로 삼았습니다. 부지 매입 이후 설계, 시공, 금융 관련 업무를 도와드리며 각 분야의 전문가들을 소개했는데, 그때마다 포트폴리오를 꼼꼼히 검토하시고 반드시 직접 만나 인간적인 면모를 확인하셨던 모습이 기억에 남습니다. 특히 대표님은 해외 바이어들과의 오랜 비즈니스 경험을 통해 업무 능력뿐만 아니라 비즈니스 매너와 사업가로서의 기본 예절을 매우 중요하게 여겼습니다. 이러한 철학 덕분에 사옥 프로젝트를 함께 하는 동안 깊은 신뢰를 쌓을 수 있었습니다.

여러 후보지 중 마지막으로 회현동 부지를 보여드렸을 때, 대표님은 다음 날 바로 계약을 결정했습니다. 회현동 부지는 남쪽으로는 남산 뷰를, 북쪽으로는 명동 중심 상권과 백화점 본점을 바라볼 수 있는 핵심 상업지역에 위치해 있으며, 직원들의 출퇴근 편의성도 뛰어난 최적의 입지 조건을 갖추고 있었습니다.

대표님은 최근 신입 직원들의 연령대가 점점 낮아지고 MZ세대의 감성과 가치관이 기업문화에 큰 영향을 미친다는 점을 깊이 고려했습니다. 그래서 사옥 설계 단계에서도 단순히 기능적인 공간을 넘어 감각적인 인테리어와 외관 디자인까지 직접 챙기며 젊은 세대와 소통하는 기업 이미지를 담고자 노력했습니다.

대표님은 사업 초기에 해외 출장이 잦아 자금을 여유롭게 운용하기 어려웠던 시기도 있었다고 했습니다. 그때 대표님은 딸에게 용돈을 보내주기 위해 본인은 빵으로 끼니를 때우면서도 자녀만큼은 부족함 없이 키우고 싶었다는 이야기를 종종 들려주곤 했습니다. 그 말을 들을 때마다 가족을 향한 따뜻한 마음과 묵묵한 책임감이 진하게 느껴졌습니다. 현재 대표님은 회현동 사옥의 3층부터 5층까지를 본인의 사무 공간으로 사용하며, 지하부터 2층까지는 임대용으로 운영할 계획을 세우고 있습니다.

건물 시공 중이던 어느 날, 인근 아파트 주민으로부터 연락이 온 일도 있었습니다. 그분은 오래전부터 이 부지를 눈여겨보고 있었으며, 매물로 나오면 직접 매입해 건물을 짓고 싶었다고 했습니다. 이미 공사가 진행 중인 것을 보고 아쉬운 마음에 혹시 현 소유주가 매각할 의향은 없는지 물어봐 달라고 요청하셨을 정도로, 이 부지는 입지적 가치가 매우 뛰어났습니다. 서울 사대문 안에 위치하고, 역세권 입지에 넓은 전면도로와 탁 트인 스카

이뷰까지 갖춘 부지였기에 누구나 탐낼 만한 곳이었습니다.

현재까지도 대표님은 해외 출장을 다녀오실 때마다 "요즘 부동산 경기는 어떤가요?" 하고 저희에게 안부 전화를 주시고 시간이 맞으면 소주 한잔을 기울이며 인생 이야기와 비즈니스 이야기를 함께 나누는 인연을 이어오고 있습니다.

비즈니스 파트너를 넘어 인생의 한 장면을 함께 나누는 따뜻한 관계, 그 속에서 완성된 회현동 사옥은 단순한 건물이 아니라 대표님의 삶과 철학이 녹아 있는 소중한 상징이 되었습니다.

건물 투자 사례 2:
임대수익과 시세차익을 모두 실현하다

‖ 사례 2: 서울 강남구 압구정로75길 28 ‖

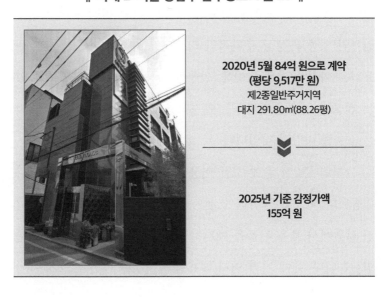

2020년 5월 84억 원으로 계약
(평당 9,517만 원)
제2종일반주거지역
대지 291.80㎡(88.26평)

2025년 기준 감정가액
155억 원

금융사 대표이자 반포 거주자로, 가족 법인을 설립해 생애 첫 부동산 투자에 나선 분의 사례입니다. 부동산 투자에 처음 도전하는 만큼 결정 과정에서 신중하고 조심스러워하는 모습이 인상 깊게 남아 있습니다.

대표님은 강남 거주자답게 매물 검토 범위를 강남권으로 한정하고, 건물 관리가 수월한 매물을 선호하는 뚜렷한 성향을 보였습니다. 보유한 현금 약 30억 원을 바탕으로 적절한 레버리지를 활용해 임대수익과 시세차익을 동시에 실현하고자 하는 전략을 세웠지만, 이는 현실적으로 쉬운 목표는 아니었습니다.

강남권 건물의 경우, 임대수익률이 잘 나와야 3%대에 불과하고, 업종에 따라 임차인 관리 난이도도 크게 달라지기 때문입니다. 특히 유흥 상권에 위치한 건물은 자주 관리가 필요하며, 임차인 업종 특성상 추가적인 리스크가 발생하기도 합니다. 대표님은 이러한 점을 고려해 '깔끔한 업종의 임차인이 입주해 있는 건물'을 원했습니다. 즉, 안정적 임대수익과 관리 부담이 적은 구조를 바랐던 것입니다.

그러던 중, 전 층에 고급 미용실이 입주한 건물이 매물로 나왔습니다. 매도인은 뷰티 브랜드 사업을 확장하기 위해 자금 마련 차원에서 보유 건물을 매각하는 상황이었고, 매각 사유가 분명했습니다. 매매 가격 역시 대표님이 설정한 예산과 크게 차이가 없었기에 1차 소개를 진행했고, 2차 미팅에서는 직접 대표님과 함께 현장 임장을 하며 건물 상태와 상권 분위기를 세밀히 점검했습니다.

이 건물은 연예인들이 자주 찾는 고급 헤어·메이크업 미용실이 전 층에 입점해 있었고, 드라마 촬영을 준비하는 배우들도 꾸준히 방문하는 곳이었습니다. 안정적인 임대료 수익이 확보된 우량 건물이었기에 대표님의 투자 기준과도 정확히 부합했습니다. 특히 매입 후 얼마 지나지 않아 회계 목적의 감정평가를 진행한 결과, 건물 가치는 무려 155억 원으로 평가되었습니다. 당시 대표님뿐만 아니라 저희도 이 결과에 크게 놀랐고 "정말 성공적인 투자였다"는 극찬을 나누었던 기억이 생생합니다.

대표님은 2020년에 이 건물을 84억 원에 매입했고, 현재 호가는 155억 원에 이릅니다. 단순 양도 차액만 약 71억 원에 달하며, 법인세를 차감하더라도 실질 순이익이 약 50억 원 수준에 이르는 모범적인 투자 사례였습니다. 이 투자는 철저한 준비와 신중한 판단, 그리고 사람과 매물에 대한 정확한 안목이 빛난 결과였습니다. 매수자인 대표님 개인에게도 단순한 수익 이상의 의미를 지닌, 첫 건물 매입 성공 스토리로 오래도록 기억될 것입니다.

06

건물 투자 사례 3:
직장인의 첫 부동산 투자

‖ 사례 3: 서울 동대문구 이문로104 ‖

2021년 5월 50억 원으로 계약
(평당 7,249만 원)
일반상업지역, 준주거지역
대지 228㎡(68.97평)

2023년 대수선

2021년 초에 대기업에 재직 중이던 한 직장인을 만났습니다. 흡사 연예인을 떠올리게 하는 출중한 외모와 매력, 스마트하고 젊은 분위기를 가지고 있었습니다. 무엇보다 인상 깊었던 것은 나름대로 안정적인 직장을 다니고 있음에도 불구하고 재테크에 깊은 관심을 가지고 있었다는 점입니다.

그분이 매입을 희망한 가격대는 100~150억 원이었고, 강북권 상권 중 '임대수익률이 좋은 건물'이 조건이었습니다. 보통 이 정도 금액대의 투자자들은 강남, 성수, 마포, 용산 등 시세차익이 기대되는 지역을 선호하는 경우가 많고, 젊은 투자자일수록 더욱 공격적인 투자를 지향하는 편이지만 이분은 달랐습니다. 안정적인 임대수익을 최우선으로 고려하는 투자 관점을 가지고 있었고, 이를 통해 '이분은 보는 시야가 다르다'는 확신을 갖게 되었습니다.

그렇게 여러 매물을 함께 검토하던 중, 3번째 미팅에서 특별한 일이 있었습니다. 미팅이 있던 날 오전, 팀장 회의 시간에 동대문구 이문동에 위치한 노후 건물 매물이 안건으로 올라왔고 이분에게 이 매물을 소개해야겠다고 결정했습니다.

해당 건물은 한국외대 정문 바로 앞 대로변에 위치한 노후 건물로, 신축은 아니지만 리모델링이나 대수선을 통해 충분히 가치 상승이 가능한 매물이었습니다. 특히 매도자 측에서도 전

층 명도 조건으로 매각을 준비하고 있어, 디벨롭 관점에서 제한 요소가 거의 없는 점이 큰 장점이었습니다. 매수자가 찾고 있던 수익형 매물과는 다소 차이가 있었지만, 매매가는 50억 대로 비교적 낮았고, 남는 예산으로 충분히 공사비를 커버할 수 있는 구조였기에 적합하다고 판단했습니다. 게다가 당시 이 건물은 팀장들 사이에서도 높은 관심을 받았던 매물이었습니다. 그래서 상권 분석 자료와 함께 리모델링 후 예상 수익률, 중장기적인 미래 가치까지 체계적으로 브리핑하며 제안했습니다.

당시 외대 정문 앞 상권은 주변 재개발 지역과 신축 아파트 공사 현장이 활발하게 진행 중이었습니다. 재건축 단지들이 완공되고 입주가 시작되면 약 1만 세대가 배후세대로 자리 잡을 예정이었고, 이는 외대역 상권의 급성장을 예고하고 있었습니다. 단순 수치로 보면 1만 세대 × 3인 가족 기준 = 상주 인구 약 3만 명, 한국외대 재학생 및 교직원 약 2만 2천 명 이를 합산하면 유효 소비 인구가 약 5만 명에 달하는 상권이 형성될 가능성이 충분했습니다. 상권 규모에 비해 배후 수요가 크게 증가할 것이 명확했기에 장기적인 투자 가치 역시 매우 높다고 판단했습니다.

아니나 다를까 그분은 한국외대 졸업생이었고, 상권에 대한 이해와 감정적인 연결고리도 가지고 있었습니다. 저희가 상권 분석과 브리핑을 끝내자 "정확히 보고 계시네요"라는 말을 들을 수 있었고, 그 순간 '이분은 이 매물을 매입하시겠구나'라는 확신을 갖게 되었습니다. 예상대로 그분은 이문동 건물을 매입하기로 결정했고, 이후 리모델링 과정에서도 스스로 건축설계사와 시공사를 직접 비교하여 가장 효율적인 공사비로 멋진 건물을 완성해냈습니다.

졸업한 학교 앞에 자신만의 부동산 자산을 소유하고, 직접 개발까지 해낸 이 성공적인 투자는 안정성과 성장 가능성, 실행력을 모두 증명한 모범적인 사례로 기억되고 있습니다.

07

건물 투자 사례 4:
성공적인 사옥 마련 프로젝트

‖ 사례 4: 서울 강남구 테헤란로57길 50 ‖

2022년 10월 72억 원으로 계약
(평당 10,047만 원)
제2종일반주거지역
대지 236.90㎡(71.66평)

2024년 대수선

역삼동에 위치한 건물을 매입한 매수자는 크리에이티브 기반 IMC 캠페인, 마케팅, 브랜드 콘텐츠 제작을 전문으로 하는 여성 기업인이었습니다. 대부분의 법인 대표가 공통적으로 고민하는 것은 '언제까지 높은 임대료를 부담하며 임차인으로만 사업을 운영할 것인가'라는 문제입니다. 사무실 면적, 직원들의 출퇴근 편의성, 거래처 접근성, 고객 주차 문제 등 여러 요소가 사옥 확장의 필요성을 불러오지만, 고정비에 대한 부담은 여전히 큰 고민거리입니다.

이번 매수자 역시 사업 확장과 직원 충원을 고려해 단순한 사무실 이전이 아닌 사옥 매입을 결심하게 되었고, 그러던 중 '빌딩 부부' 유튜브 채널을 통해 저희를 알게 되어 매입 의뢰를 주었습니다.

미팅을 통해 여성 대표의 상황을 파악했을 때, 매우 유리한 조건을 갖추고 있었습니다. 여성기업 인증, 벤처기업 인증, 연구개발전담부서 보유 등 다양한 정책자금 활용이 가능했고, 기술보증기금 및 신용보증기금을 통한 저금리 자금 조달이 가능한 상황이었습니다. 이러한 자금 조달 구조를 활용하면 현재 지출하는 임차료 수준으로 이자만 납부하면서도 법인 자산 가치를 상승시킬 수 있고, 토지 보유를 통한 시세차익도 기대할 수 있습니다. 이에 따라 저희는 회사 조건에 맞춘 맞춤형 플랜을 수립해 사옥 매입 프로젝트를 본격적으로 진행했습니다.

최소 비용으로 최대한의 레버리지를 활용하기 위해 감정가가 매매가에 근접하고 대출 한도가 극대화될 수 있는 매물을 찾아야 했습니다. 따라서 신축이나 준신축급 건물은 제외하고, 단순 리모델링이나 대수선 공사로 가치 상승이 가능한 노후 건물을 집중적으로 검토했습니다. 위치는 현재 사무실과 가까운 곳을 우선 고려하되 유사한 상권 특성을 가진 지역까지 후보군을 넓혔습니다. 여러 매물을 검토하고 직접 현장 임장도 수차례 진행했지만, 완벽하게 조건을 충족하는 매물은 쉽사리 나타나지 않았습니다.

그러던 중, 마침 그분이 현재 임차 중인 건물 맞은편의 다세대 주택 건물이 매물로 나온 것을 발견하게 되었습니다. 그 매물은 매입가가 합리적이었지만, 몇 가지 중요한 고려 사항이 있었습니다.

첫 번째는 등기 구조 문제였습니다. 매도자가 주택임대사업자로 등록이 되어 있었고, 건축물 용도가 다세대 주택이었습니다. 구분등기된 상태로는 원활한 사업자 대출을 적용받을 수 없어 하나의 토지등기와 건물등기로 합병등기가 필요했습니다. 그러나 매도자는 양도세 감면 혜택을 잃게 되는 문제로 난색을 표했기에 잔금 일정 조율과 매수자 부담 조건을 통해 매도자 입장에서도 손해를 최소화할 수 있도록 설계했습니다.

두 번째는 코어(계단) 구조 문제였습니다. 효율적인 사무실 구조를 만들기 위해 가운데에 위치한 계단을 변경하는 대수선급 공사가 필요했습니다. 공사 비용과 기간, 허가 절차까지 모두 검토해야 하는 까다로운 작업이었습니다. 하지만 대표님은 끝까지 포기하지 않고, 끊임없이 대안을 모색하는 자세를 보여주었습니다. 저희 또한 그 의지에 공감하며 '하나씩 문제를 풀어가자'는 다짐으로 프로젝트를 진행했습니다.

매도자와의 협의는 세심하게 접근했습니다. 임대사업자 등록 종료 전후의 세금 차이를 비교·분석해주고, 빠른 잔금 일정과 합리적인 계약 조건을 제안해 매도자와의 이해관계를 성공적으로 조율했습니다. 공사 측면에서는 여러 시공사를 비교해 가장 합리적인 비용과 최단 기간을 제시한 업체를 선정했고, 설계보다 시공 디테일을 더 중시하는 전략으로 진행했습니다. 또한, 대표님과 시공사 간의 원활한 커뮤니케이션을 적극 지원해 프로젝트 속도를 높였습니다.

그 결과 대표님은 결국 사옥 매입과 구조 변경 공사를 모두 성공적으로 마쳤고, 안정적인 고정비로 훨씬 쾌적한 근무 환경을 마련할 수 있었습니다.

이번 사례는 단순한 부동산 매입을 넘어 현실적인 전략과 끈기 있는 추진력, 세밀한 문제 해결력이 빛났던 프로젝트로 기억됩니다. 특히 '좋은 건물을 샀다'는 결과보다 '좋은 결정을 만들어 가는 과정' 자체가 돋보였던 모범적인 사옥 매입이었습니다. 매수자의 주도성과 유연한 판단, 그리고 중개사의 전략적 설계가 시너지를 이루며 복잡한 변수들을 하나씩 풀어나갈 수 있었습니다. 결국 부동산 매입은 건물의 문제가 아니라, 사람의 선택과 태도에서 갈린다는 사실을 다시금 확인하게 된 순간이었습니다.

08

건물 투자 사례 5:
우량 임차인 유치 성공기

‖ 사례 5: 서울 구로구 서해안로2329 ‖

거점형 키움센터 자치구 유치공모 신청지 현장확인결과

신청자: 구로구 오류동 68035
검토내용
- 양방향 대피를 위해 후면 발코니에 피난기구 설치 필요(후면 발코니에 완강기가 설치되어 있으나 초등학생이 사용하기에 다소 어려움이 있음)
- 스프링클러 설치 필요(지하 소방용 물탱크 설치 각 층 배관 및 천정작업 필요)
- 옥상(8층) 폴딩도어 연계한 옥상공간 활용가능
- 1층 홀에 설치된 수신기 위치 변경 또는 실구획 필요
- 1층 전용면적 약105㎡(약32평)이며 각 층에 여자화장실 양변기 1개, 남자화장실 양변기 및 소변기 각 1개씩으로 화장실 추가설치 필요
- 요리교실 설치시 급배수설비 설치필요
- 천정형 에어컨, 블라인드, 방충망 등 설치필요

2020년 8월 53억 원으로 계약
(평당 4,623만 원)
제3종일반주거지역
대지 379㎡(114.64평)

≫ 당시 구로구청이 임차 확정된 이후 서울시청에서 현장 답사 후 임대인에게 요청했던 결과서

구로구 오류동역 대로변에 위치한 신축 건물을 중개하면서 기존 임차인을 승계하는 조건으로 계약이 체결된 사례입니다. 해당 건물은 대지 114.64평, 연면적 302.22평(지하 3층~지상 7층) 규모로 보증금 3억 원, 월 임대료 1,800만 원 기준, 연 수익률 약 4.38%를 기록하는 A급 매물이었습니다. 매도자는 임차인이 IT 관련 업체로 전 층을 사용하고 있으며, 임대료 연체 없이 안정적으로 운영해온 우량 임차인이라고 소개했습니다.

그러나 소유권 이전을 준비하는 과정에서 문제가 발생했습니다. 첫 번째는 1층 임차인 문제였습니다. 계약서상 명의자가 아닌 전차인이 사용 중이었던 것입니다. 두 번째는 계약서 내용 불일치가 발견되었습니다. 매도인이 제공한 임대차계약서와 임차인이 보유한 계약서 간 내용이 달랐습니다. 확인 결과, 초기 임대차 계약을 주관했던 부동산 측에서 임차인에게 구두로 조건 변경을 약속했으나 실제 계약서에는 반영되지 않았던 것으로 드러났습니다. 또한, 1층은 무단 전대차 상태였으며 상가임대차보호법상 명도가 가능한 조건에 해당했습니다.

저희는 문제 해결을 위해 임대인 측에서 내용증명을 발송했고, 결국 임차인의 퇴거가 결정되었습니다. 퇴거 이후, 과거 이 건물을 임차하려 했던 구로구청 산하 아이돌봄형 키움센터가 재입주 의사를 밝히면서 새로운 기회가 열렸습니다. 하지만 또 다른 문제에 부딪혔습니다. 복지시설 입주를 위해서는 반경 500m 내 유해시설(노래방 등)이 없어야 했습니다.

저희는 문제 해결을 위해 노래방 임차인과 접촉했습니다. 해당 노래방은 성인시설이 아닌 코인노래방이었으며, 불법 요소가 전혀 없었습니다. 노래방 임차인의 협조를 얻어 불법 요소가 없음을 확인하는 서약서를 작성했습니다. 이를 바탕으로 서울시청 담당자와 직접 협의했고, 구로구청의 임차 허가를 성공적으로 이끌어 냈습니다.

결국, 기존 임차인이 퇴거하고 기대 이상의 복지시설(아이돌봄형 키움센터)이 입주하는 결과를 얻었습니다. 이 과정에서 얻게 된 경험과 노하우는 이후 서울시교육청 소유 학교시설 중개에도 큰 도움이 되었고, 중개인으로서 중요한 성장의 계기가 되었습니다.

09

건물 투자 사례 6: 패션 브랜드와 함께 한 한남동 건물 계약 이야기

‖ 사례 6: 서울 용산구 이태원로54길 5 ‖

2022년 11월 115억 원으로 계약
(평당 12,403만 원)
제2종일반주거지역
대지 306.5㎡(92.72평)

2025년 현 시세 280억
(평당3억)

처음 이 물건을 중개할 당시 직접 대표님과 미팅을 하고 명함을 주고받았지만, 대표님이 무신사 1위 판매 브랜드를 만든 분이라는 것을 몰랐습니다. 그러나 이후 길거리, 상권, 카페 등에서 이 브랜드의 옷을 입은 사람들을 자주 마주하게 되면서 "내가 정말 대단한 분을 만났구나"라는 생각이 자연스럽게 들었습니다.

대표님은 한남동에서 오랫동안 사업을 이어오신 분으로, 사람을 편안하게 만드는 성격과 주변을 자연스럽게 이끄는 매력을 지니고 있었습니다. 동네 부동산 업계에서도 인기가 많은 분이라는 사실을 나중에야 알게 되었고, 실제로 이 건물이 계약된 후 다른 부동산 사장님들조차 "그 건물이 팔린 줄 몰랐다"고 이야기할 정도로 비공개로 진행된 거래였습니다.

계약 당시 이슈는 1층 임차인의 과다한 권리금 요구였습니다. 물론 매매 계약의 조건은 매도자 쪽에서 전 층 명도하는 조건으로 진행했지만 한남동과 같이 핫한 상권의 1층 임차인은 무리한 권리금 요구로 명도 시에 부담이 되는 부분이 있습니다.

통상 매수 담당자와 매도 담당자는 각각 본인의 파트에 집중하며 계약 자리에서 각자의 고객의 이익을 대변하며 계약 내용을 공유하지만 1층 임차인의 명도 이슈는 다같이 풀어야 할 숙제였습니다. 저는 매수 쪽 담당이었음에도 불구하고 매도 담당자와 같이 1층 임차인을 명도하기 위해 최선을 다했습니다. 1층 임차인이 요구하는 권리금을 최대한 낮추는 게 목적이었고 예전 임차인들의 권리양수도 업무를 했던 경험을 살려 논리적인 근거를 임차인에게 설명하며 합리적인 방법으로 임대인과 임차인이 손해 보지 않는 선에서 서로의 이익을 잘 가져갈 수 있도록 조율해 나갔습니다.

결국 임대인과 임차인은 적정선으로 합의를 봤고 매매 계약에 있어 가장 중요한 명도가 해결되면서 원만하게 소유권이전 등기까지 잘 마칠 수 있었습니다.

대표님은 한남동 상권을 누구보다 잘 이해하고 있었고, 건물의 위치, 접근성, 그리고 사옥으로서의 사업 확장 가능성을 빠르게 파악했습니다. 계약 결정도 신속하게 이루어졌고, 이후 빠르게 리모델링을 마친 뒤 외국인과 내국인 모두가 즐겨 찾는 패셔너블한 공간으로 재탄생시켰습니다.

계약이 불발될 수 있었던 상황에서 양측의 노력으로 원만하게 계약이 진행되면서 대표님의 개인적인 얘기도 들을 수 있었습니다. 계약서를 작성한 후 대표님은 "처음엔 이 브랜드가 이렇게 성장할 줄 몰랐다. 여전히 바쁜 일정 속에서 이삿짐조차 다 풀지 못했다"고 웃으며 이야기했습니다. 지하실에서 직접 옷을 디자인하고, 브랜딩을 시작했던 초창기 시절부터 오늘날 많은 이들에게 사랑받는 브랜드로 성장하기까지, 대표님은 단 한순간도 안주하지 않고 자신만의 길을 묵묵히 걸어왔다는 것을 알게 되었습니다. 자신의 영역에서 최선을 다하는 그 진심과 열정은 정말 인상 깊었고, 저 역시 이 만남을 통해 큰 영감을 받을 수 있었습니다.

10

건물 투자 사례 7:
프로 연쇄 창업자의 빌딩 매입 이야기

‖ 사례 7: 서울 마포구 독막로68 ‖

**2021년 5월 153억 원으로 계약
(평당 11,985만 원)**
제3종일반주거지역
대지 422㎡(127.65평)

대표님과 처음 통화했던 순간이 아직도 생생하게 기억납니다. 처음에는 솔직히 장난전화인 줄 알았습니다.

"안녕하세요, 빌딩 부부죠?"

"빌딩만 중개하시나요?"

"강남에 건물 사려면 현금이 얼마나 있어야 하나요?"

"요즘 괜찮은 매물 있나요?"

"물건을 소개받으려면 꼭 만나야 하나요?"

전화기 너머의 목소리는 굉장히 젊었고, 질문 하나하나가 현실과는 조금 거리감이 느껴져서 사실 퉁명스럽게 "물건을 소개받으시려면 꼭 직접 만나야 합니다"라고 대답했던 기억이 납니다. 그러자 그분은 곧바로 본인의 사무실로 오라며 주소를 보내주었습니다.

약속한 날, 삼성동에 위치한 사무실을 찾았고, 회의실이 아닌 대표님 개인 사무실로 안내를 받았습니다. 잠시 후, 젊은 목소리의 주인공이 문을 열고 들어왔습니다. 알고 보니 이분은 최근 코스닥에 상장한 유명 화장품 브랜드의 창업자이자 대표님이었습니다.

처음에도, 미팅 내내도, 그리고 지금까지도 이 대표님을 뵐 때마다 감탄하게 됩니다. 젊은 나이에도 불구하고 수많은 시행착오를 겪으며 결국 모두가 아는 브랜드를 일군 진짜 '사업가'였기 때문입니다. 대표님은 화장품 브랜드뿐 아니라 연예인을 활용한 마케팅 전략으로 의류 브랜드를 성공시켰고, 최근에는 압구정과 안국에 유명 베이커리 브랜드까지 직접 만들어 냈습니다. 여러 차례 건물 매입 관련 미팅을 진행하면서 대표님에게 이런 말을 들을 수 있었습니다.

"건물을 사기 위해 정말 많은 중개인을 만나봤지만, 이렇게 신뢰가 가는 중개인은 처음이었습니다."

대표님은 유튜브를 통해 저희를 처음 알게 되었고, 그때 느꼈던 신뢰감 덕분에 조심스럽게 전화를 해봤다고 했습니다. 그리고 감사하게도 건물 매입과 관련된 모든 결정을 저희에게 맡겼습니다. 위치, 금액, 조건까지 모든 것을 전적으로 신뢰하고 따라주었습니다. 그만큼 저도 더욱 신중해질 수밖에 없었고, 한 건 한 건 정말 꼼꼼하게 확인하며 중개에 임했습니다.

계약을 하고 잔금 전 임차인을 확인하는 과정 중에 임차인들 간의 주차 문제가 항상 있었다는 이야기를 전해 들었습니다. 이전에는 상주하는 관리소장이 있어서 어느 정도 컨트롤할 수 있었지만 건물주가 바뀌는 과정에서 임차인들의 이러한 불만들이 공통적으로 터져 나와 잔금 전 해결하고 넘어가야 했습니다. 우선 임차인별로 1대씩 주차 공간을 의무배정하고 이 건물에 내방하는 고객들의 차량은 업체를 통해 인근 공용주차장에 발렛을

할 수 있도록 해서 특정 시간에 차량이 몰리는 불편함을 해소했습니다. 임차인은 의무적으로 1대의 주차 공간을 배정했지만 잠깐의 주정차가 아닌 장기로 1대 이상 주차했을 경우 페널티를 주고, 2회 이상 적발 시 주차배정에서 배제하는 룰도 정해 한정적인 주차 공간을 효율적으로 사용하도록 임차인들을 이해시키며 불만을 해소했습니다.

건물 매입 과정에서 가장 간과하기 쉬운 부분이 바로 '사람'입니다. 계약서상 권리관계나 세금, 구조적인 하자는 꼼꼼히 따지지만, 정작 그 공간을 함께 살아가는 '임차인'들과의 관계는 뒷전으로 밀리는 경우가 많습니다. 하지만 임차인과의 관계야말로 건물의 가치를 결정짓는 또 하나의 요소입니다.

이 대표님과 함께한 계약은 8건 정도 됩니다. 그중 한 건물의 소유권 이전 후 임차인들을 만나러 간 자리에서 대표님은 건물의 모든 층을 일일이 방문하며 임차인들을 직접 만나 이렇게 말했습니다.

"혹시 장사하시면서 힘드신 점 있으시면 꼭 말씀해주세요. 지금 하고 계신 일에 대해 어떻게 하면 더 많은 분들께 알릴 수 있을지 저도 고민하고 마케팅적으로 도와드릴 수 있는 부분이 있다면 함께 해보고 싶어요."

그 모습을 옆에서 지켜보며 깊은 인상을 받았습니다. 겉으로 보기에는 대단한 성공을 이루신 분이지만, 그 어떤 자리에서도 사람을 소중히 여기고, 한 사람 한 사람에게 진심을 다하는 모습을 보며 '이분은 정말 가볍게 사람을 대하지 않는 분이구나'라는 것을 느꼈습니다. 진심이 사람과 사람 사이의 신뢰를 만들고, 그 신뢰가 결국 큰 사업의 밑거름이 된다는 것을 대표님과의 인연을 통해 다시 한번 깨닫게 되었습니다.

11

연예인 투자 사례로 배우는
돈 되는 건물의 법칙

많은 사람들이 "연예인은 돈이 많으니까 건물 투자도 쉽게 성공하겠지"라고 말합니다. 하지만 실제로 연예인들의 건물 투자 사례를 들여다보면 그 이면에는 철저한 분석과 리스크 관리가 숨어 있다는 것을 알 수 있습니다. 또 연예인이라고 해서 반드시 투자에 성공하는 것도 아니며 예상치 못한 문제에 부딪힌 경우도 상당수 있습니다.

그룹 빅뱅의 멤버 대성은 2017년 강남 도산대로변에 위치한 건물을 약 310억 원에 매입했습니다. 겉으로 보면 단순히 '강남 도산대로'라는 이름에 끌려 투자한 것 같지만, 더블 역세권(수인

분당선, 7호선)에 위치했고, 대로변의 가시성이 탁월한 건물이었습니다. 그러나 건물 안에서 불법 유흥업소를 운영한 사실이 드러나면서 입지는 좋았지만, 건물 운영 관리의 리스크를 간과했던 사례로 볼 수 있습니다.

다른 예로, 배우 공유는 합정역 인근에 위치한 건물을 매입했는데 당시만 해도 합정역은 지금처럼 상권이 완전히 활성화된 상태가 아니었습니다. 그러나 공유는 홍대-합정-망원으로 이어지는 '젠트리피케이션 흐름'을 정확히 포착해 4년이 채 되지 않아 약 50억 원 이상의 시세차익을 만들어 냈습니다. 매입가 대비 상승률로 따지면 대단한 수익이었습니다.

유재석은 다수의 건물에 투자한 것으로 유명합니다. 마곡지구 빌딩, 강남권 근생 건물 등 다양한 포트폴리오를 구성하고 있습니다. 평소 이미지처럼 그는 '한방'을 노리는 대신 안정적인 지역, 임차 수요가 꾸준한 곳을 선호했습니다. 그 결과, 특별히 드라마틱한 수익은 없지만 꾸준하고 탄탄한 임대수익을 계속 만들어 냈습니다. 장기 보유 전략을 통해 세금 이슈도 현명하게 효율적으로 관리했습니다. 유재석의 투자 전략은 빠른 부를 좇기보다 꾸준한 부를 쌓아가는 것이 얼마나 어렵고, 동시에 얼마나 현명한 선택인지를 몸소 보여줍니다.

소위 '부동산 재벌'로 불리는 전 농구선수 서장훈은 "좋은 건물은 가격이 중요한 게 아니라, 임대료가 꾸준히 나오는가가 중요하다"라고 말합니다. 그래서인지 서장훈은 비싸더라도 강남, 삼성동, 청담동 등 임차 구성이 탄탄한 검증된 입지의 건물만 매입했습니다. 대출을 최소화하고, 공실이 나더라도 금방 채워질 수 있는 입지만 고집한 것으로 보아 철저히 '임대수익형' 투자자임을 알 수 있습니다.

김태희와 비 부부는 용산구 한남동, 청담동 등 고급 지역에 건물을 매입했습니다. 특히 김태희가 매입한 한남동 건물은 시세가 대폭 상승해 기사로도 많이 다뤄졌습니다. 이들은 직접 관리에 신경을 썼고, 임차 구성도 신중하게 조율했습니다. 절대 무리하지 않고 충분히 분석해 장기 보유한다는 관점으로 시간이 흐를수록 가치가 오르는 자산을 만들어 냈습니다.

반대의 사례로 트렌드만 믿다가 투자에 실패한 경우도 있습니다. 배우 유아인은 성수동 핫플레이스에 위치한 건물을 매입했습니다. 매입 당시 성수동은 '서울의 브루클린'이라 불릴 만큼 주목받는 지역이었습니다. 그러나 명성과는 달리 유아인이 매입한 건물은 공실이 장기화되었습니다. 이 사례를 통해 핫한 지역이라고 무조건 임차인이 줄 서는 것은 아니라는 점을 알 수 있습니다. 핫한 상권에만 초점을 맞출 것이 아니라 임대료를 맞출 수 있는 수요가 실제로 존재하는지를 확인하는 것이 더 중요하다는 교훈을 줍니다.

배우 하정우는 노후된 건물을 싸게 매입한 후 리모델링을 통해 가치를 올렸습니다. 직접 미술품을 활용해 인테리어에 참여하기도 했고, 트렌디한 공간으로 재탄생시키는 데 노력을 기울였습니다. 그 결과, 시세차익은 물론 임대료 수익까지 동시에 잡을 수 있었습니다. 싸게 사는 것도 중요하지만, 싸게 산 후에 '어떻게 바꿀 것인가'가 더 중요함을 배울 수 있는 사례입니다.

배우 장근석은 청담동 건물을 54억 원에 매입한 후 8년 만에 120억 원으로 매각해 70억 원에 가까운 차익을 얻었습니다. 장근석이 건물을 매입했을 당시 청담동은 지금만큼 핫한 지역이 아니었습니다. 소위 핫해지기 전에 투자해 장기 보유하는 전략으로 시간의 힘을 증명한 사례로 꼽힙니다.

배우 유인나는 삼성동에 있는 꼬마빌딩을 매입했습니다. 대규모 빌딩이 아닌 꼬마빌딩 투자였지만, 강남권 특유의 임대 수요 덕분에 안정적인 현금 흐름을 기대할 수 있는 투자였다고 보입니다. 초고가 빌딩만이 답이 아니라는 점, 탄탄한 수익 구조를 확보하는 것이 중요하다는 점을 보여주는 사례입니다.

배우 이정재는 한남동에서 주거형 소형 빌딩을 매입했습니다. 고급 주거지에 위치한 이 빌딩은 꾸준한 고급 임대 수요를 기반으로 안정적인 가치 상승을 기대할 수 있었습니다. 상업지

뿐 아니라 고급 주거지 투자도 유효한 전략이 될 수 있음을 시사하는 사례입니다.

배우 정려원은 청담동 빌딩을 매입해 단기간 내 매각하며 상당한 시세차익을 올렸습니다. 이는 '좋은 입지는 굳이 오래 보유하지 않아도 빠른 수익 실현이 가능하다'는 사실을 입증한 투자였습니다.

예능인 하하는 유동 인구가 풍부한 홍대 인근에 상가를 매입했습니다. 다만, 홍대는 상권 변화가 빠른 지역이기 때문에 끊임없이 상권을 관리하고 대응해야 한다는 점이 리스크였습니다. 이러한 상권은 특징을 이해하고 민첩하게 대응하는 것이 중요합니다.

이처럼 연예인들의 건물 투자 사례를 살펴보면 몇 가지 공통적인 전략이 드러납니다. 첫째, 아직 주목받지 않은 지역을 미리 선점하는 '시간을 사는 투자'가 중요하다는 것. 둘째, 현재와 미래의 입지 변화를 면밀히 분석해야 한다는 것. 셋째, 단순 보유가 아니라 리모델링 등으로 적극적으로 가치를 끌어올리는 액션이 필요하다는 것. 넷째, 당장의 가격만 보는 것이 아니라 안정적인 현금 흐름 구조를 확보해야 한다는 것. 마지막으로 공실이나 경기 침체 같은 리스크에 대비할 수 있는 플랜 B를 준비해야 한다는 점입니다.

연예인 투자자들은 화려한 이름 뒤에 누구보다 철저한 준비와 판단을 기반으로 건물 투자를 이어가고 있습니다. 이는 우리와 같은 일반 투자자들에게도 큰 시사점을 던집니다. '정보의 분석', 그리고 '끈질긴 준비'만이 성공적인 결과를 가져올 수 있다는 사실입니다. 시장의 흐름에 휩쓸리지 않고, 한 걸음 한 걸음 단단히 준비하는 것, 단기적인 유혹에 흔들리지 않고, 장기적인 관점에서 버텨낼 수 있는 전략을 세우는 것, 결국 부동산 투자에서 진짜 승자는 화려한 타이밍을 맞힌 사람이 아니라, 조용히 준비하고 꾸준히 실행한 사람임을 이들의 사례가 명확히 보여주고 있습니다.

12

'안정'보다는 '도약'을 택한
맞벌이 부부 이야기

2021년 7월, 저(조남인 상무이사)는 성수동에서 한 건의 중개를 성사시켰습니다. 매입자분들은 대기업에 재직 중인 30대 맞벌이 부부였으며, 유아기를 갓 지난 자녀를 키우고 계셨습니다. 두 분 모두 직장 생활과 육아를 병행하는 바쁜 일상을 살고 있었지만, 재정적인 안목과 실행력은 누구보다도 뛰어났던 것으로 기억합니다.

이 부부는 서울 마포구에 자가 아파트를 보유하고 있었으나 단순히 '거주'에 만족하기보다 '도약의 발판'을 고민하고 계셨습니다. 결국 두 분은 아파트를 매각하거나 전세로 돌려 유동자금을 확보한 후, 그 자금으로 수익형 건물에 투자하기로 결정했습니다. 젊은 나이에 과감하면서도 전략적인 판단을 내리는 모습이 매우 인상 깊었습니다.

당시 제가 보여드린 물건은 마포, 강남, 서초, 송파 지역을 두루 살펴보다가 우연히 시장에 나온 매물이었습니다. 성동구 성수동, 뚝섬역 2번 출구에서 불과 200m도 채 되지 않는 거리에 위치한 소형 근린건물이었습니다. 현재는 베이커리 카페가 건물전 층을 임차하여 운영 중이며, 당시에도 위치와 수익 모두 매우 우수한 매물이었습니다.

당시 이 물건은 매매가가 약간 높게 책정되어 있었지만, 제가 매도자 측과 적극적으로 협의하여 매입 가능성이 생기자마자 바로 매수자분에게 연락했습니다. 병원 진료 중이었음에도 바로 진료를 중단하고 현장으로 달려갔던 기억이 납니다. 그렇게 현장에서 브리핑을 마치고, 빠르게 계약으로 이어졌습니다.

중개인으로서 저는 이 매물에서 가장 먼저 확인했던 것이 '신축 가능성'이었습니다. 해당 필지는 두 개로 나뉘어 있었고, 전체 땅의 크기가 작아 보였기 때문에 향후 신축 시 법적으로 허용되는 건축 규모가 가장 중요한 포인트였습니다. 성수동의 이 지역은 중공업 지역에 해당되므로 최대 용적률이 400%까지 가능한 지역입니다. 다만, 대지 면적이 협소하다면 실질적으로는 그 용적률을 다 받기 어려운 경우도 있어 건축사의 규모 검토가 필요했습니다.

실제로 건축사에게 문의한 결과, 이 부지는 신축이 가능하고 400%까지는 어렵더라도 약 300% 수준의 용적률 확보가 가능하다는 결과를 받았습니다. 또한 해당 부지는 도로 코너에 접해 있어 가각 정리의 이슈가 있었고, 이에 따라 실제 사용할 수 있는 땅의 넓이도 중요하게 작용했습니다. 이러한 부분들을 미리 검토한 후, 매수자분에게 충분히 설명하고 계약을 체결했습니다.

여기서 사례를 통해 독자분들에게 드리고 싶은 팁은, 대부분의 매수자들이 현재 임차인이 계속 영업을 지속할 것이라는 가정만으로 건물을 판단하는 경우가 많다는 점입니다. 하지만 중개인은 한발 앞서 해당 임차인이 나갔을 때의 대체 임차인을 어떻게 유치할 수 있을지, 그리고 건물을 멸실 후 신축할 수 있을지 여부까지도 함께 고려해야 합니다. 저희는 단순히 지금의 가치뿐 아니라 미래 활용 가치까지 검토하는 습관을 갖고 있으며, 이 점이 이번 사례에서도 유효했습니다.

해당 건물은 2021년 7월, 34억 원에 거래되었습니다. 당시 기준으로 평당 1억 초반대였습니다. 이후 2025년 5월 현재, 이면도로 건물 기준 평당 1억 5천만 원 선까지 시세가 상승했습니다. 대지 면적이 약 40평이므로 단순 계산만으로도 이 건물의 현재 시세는 약 60억 원 내외, 많게는 65억 원을 상회합니다. 즉, 매수자 부부는 불과 4년 만에 약 30억 원의 자산 상승을 경험한 셈입니다.

이 부부는 단순히 안정적인 급여 생활에 안주하지 않았습니다. 아파트를 매각하고 적극적으로 리스크를 감수하면서도, 보다 높은 자산 성장을 위해 실행했습니다. 그리고 그 결과는 눈에 띌 정도로 확실했습니다. 자녀가 있는 맞벌이 부부, 바쁜 일상 속에서도 미래를 설계하는 그들의 모습은 다른 투자자들에게도 귀감이 됩니다.

혹시 지금 이 글을 읽고 독자 중에도 비슷한 상황에 계신 분이 있다면, 꼭 이 사례를 기억하시기 바랍니다. 우리는 누구나 '작은 도약'을 통해 '큰 전환'을 만들어낼 수 있습니다. 아파트 한 채가 주는 안정감도 중요하지만, 미래를 위한 자산 재구성은 지금이 적기일 수 있습니다.

결국 이 부부의 결정이 수익으로 돌아왔고, 현재는 성수동의 주요 건물주 중 한 분으로 성장했습니다. 중개인으로서 저 역시 큰 보람을 느낀 사례였습니다. 매수자분들이 단순한 정보에 휘둘리지 않고, 조금 더 깊은 이해와 분석을 바탕으로 성공적인 투자를 이어가셨으면 좋겠다는 바람입니다.

PART 5.

'빌딩 부부'가 바라보는
건물 투자의 미래

01

타고난 부자 vs 자수성가형 부자, 무엇이 다른가

25년 동안 건물 중개를 하며 다양한 형태의 부자들을 가까이에서 봐왔습니다. 그러면서 대대손손 부자였던 사람들과 자수성가한 사람들 사이에는 분명한 차이가 존재한다는 것을 느꼈습니다.

세습된 부자들은 오히려 '소유'에 대한 욕망이 크지 않습니다. 이미 어릴 때부터 부를 누려온 이들은 '왜 더 가져야 하지?'라는 번잡스러움을 느끼고, 오히려 기부나 나눔, 사회 환원에 관심을 가지는 경향이 강합니다. 반면, 자수성가한 부자들은 부를 이루고자 하는 목표를 달성하려는 이유가 결핍에서 출발한 경우가 많기 때문에 자신이 이룬 부를 드러내고 자랑하는 데 거리 낌이 없습니다. 슈퍼카를 타고, 고급 시계를 차고, 화려한 소비를 즐기는 모습은 이 결핍의 극복 과정에서 나온 자연스러운 현상인 것 같습니다.

실제로 저희와 많은 거래를 해온 한 사업가는 어린 시절 가족의 결손과 형제의 장애라는 상황 속에서도 "내가 가족을 책임져야 한다"는 책임감으로 열심히 노력해 들으면 누구나 알 만한 브랜드들을 만들어 냈습니다. 그는 거주지를 살 때조차 자신보다 가족의 편의성을 가장 먼저 고려했고, 아버지를 위해 건물을 지어드리고 싶다는 꿈을 품을 정도로 가족애가 깊었습니다. 이런 사람은 결핍을 핑계 삼지 않고, 오히려 성장의 원동력으로 삼아 성공을 이뤄내는 모습을 볼 수 있습니다.

또 다른 사례로, 현재 20대인 투자자는 '대치동 키즈'로 자랐습니다. 아버지 집안이 대대손손 의사인 집안이라 이분 역시 집안으로부터 '의사가 되어야 한다'는 기대를 온몸으로 받으며 자랐지요. 그나마 자유분방한 사고방식을 가졌던 어머니가 투자에 눈을 뜨셨고 아버지가 번 돈을 부동산에 투자하기 시작했다고 합니다. 이분은 어머니 덕에 아주 어릴 때부터 유모차를 타고 임장에 따라다니며 부동산 투자 현장을 자연스럽게 보고 성장했습니다. 진로에 대해 가족들과 많은 갈등을 겪었지만, 이분은 고등학생 때부터 어머니와 함께 건물 투자를 시작했고, 성인이 된 지금은 강남과 서초동에 약 48채의 건물을 보유한 전문 투자자로 성장했습니다. 술과 담배도 하지 않고, 매주 부동산 과외를 들으며 임장을 다니고, 건물 쇼핑이 취미가 될 정도로 부동산에 진심입니다. 20대이지만 성숙한 예절과 성품을 가진 이분은 결핍을 건강하게 극복해낸 대표적인 사례라 볼 수 있습니다.

이런 이야기를 책에 담고 싶었던 이유가 있습니다. 단순히 성공담을 나열하려는 것이 아니라, 부모와 자녀가 함께 읽으며 '결핍은 극복할 수 있는 것이다, 노력은 반드시 열매를 맺는다'는 희망을 심어주기 위해서입니다. 자신이 처한 환경에 좌절하지 않고, 오히려 그것을 디딤돌 삼아 성장할 수 있다는 메시지를 알리고 싶었습니다.

앞서도 말했지만, 과거와 달리 건물 투자에 대한 트렌드가 크게 변했습니다. 옛날에는 변호사, 의사처럼 특수 직업군만이 건물을 소유할 수 있었지만, 지금은 직장인, 대학생, 심지어는 1~2억을 가진 20대도 부동산 투자를 준비합니다. 그 이유는 명확합니다. 취업 시장의 불안정, 본업만으로는 미래가 불투명한 현실 속에서 '투자'가 생존을 위한 필수가 되었기 때문입니다. 건물 투자는 이제 소수 부자들만의 영역이 아니라 아파트 갭투자처럼 대중화된 투자 수단이 되었습니다. 10억 중반대의 건물을 매입한 뒤 매각 후 20억대, 30억대로 점프업하는 방식이 일반화되고 있습니다. 본업을 유지하며 레버리지를 활용해 건물주가 되고, 부를 확장해 나가는 패턴이 이제는 하나의 전략으로 자리 잡은 것입니다.

이제 건물 투자는 '특별한 사람들만의 게임'이 아닙니다. 오히려 일찍 준비하고, 체계적으로 계획하는 사람이 기회를 잡을 수 있는 시대가 되었습니다. 단순히 큰돈을 가진 사람만이 아니라 적은 자본으로도 레버리지를 잘 활용하고, 시장 흐름을 읽을 수 있다면 누구든지 도전할 수 있습니다.

중요한 것은 '준비'입니다. 무작정 뛰어드는 것이 아니라, 철저히 공부하고, 자신의 자산 규모와 리스크 허용 범위를 명확히 파악해야 합니다. 그리고 단기적인 수익에만 집착하기보다 장기적으로 안정적인 현금 흐름을 만들어 내는 관점이 필요합니다.

이제 부동산 투자는 기회의 문제가 아닙니다. '준비된 사람'과 '준비되지 않은 사람'을 구분 짓는 시험대가 되었습니다. 당신이 지금 어디에 있는지, 어떤 방향으로 가고 싶은지 스스로에게 질문해보세요. 그리고 작더라도 한 걸음을 시작하는 것이 미래를 바꿀 수 있는 가장 확실한 방법입니다. 건물 투자, 이제는 선택이 아니라 생존 전략입니다. 준비하는 자만이 다음 부의 흐름을 주도할 수 있습니다.

02

급변하는 빌딩 시장,
2025년을 준비하는 투자자의 자세

저희 부부는 2024년에만 30건이 넘는 계약을 직접 체결했습니다. 2024년을 되돌아보면 시장은 정상적인 시세 매매가 아니라 급매물 위주의 거래가 많았던 해였습니다. 그 이유에 대해 시간을 거슬러 올라가 보면, 2022년 당시 금리가 낮고 임대 공급이 부족해 많은 이들이 서둘러 건물을 매입하거나 신축을 추진했습니다. 하지만 2년이 지난 2024년에 금리는 급등했고, 경기는 둔화되었으며 임대 시장에는 공급 과잉 현상이 나타났습니다. 동시에 2년 단위로 대출 만기가 돌아오면서 법인들의 재무제표가 나빠진 상황이 맞물렸습니다. 결과적으로 연장 대환이 어려워지고 고금리 부담이 가중되면서 일부 법인들은 어쩔 수 없이 시장에 건물을 급매로 내놓게 된 것입니다. 게다가 시장 전반은 관망세였고, 일부 매도자들은 건강 문제나 상속 문제 등으로 인해 매물을 서둘러 처분해야 했습니다. 결국 시장에 나온 급매성 물건들만 거래가 이루어졌고, 정상 시세 매물은 여전히 매수자들의 선택을 받지 못하는 상황이 이어졌습니다.

그렇다면 현재 2025년은 어떨까요? 금리는 완만한 하락세로 접어들었고, 시장은 점차 변곡점에 다다르고 있습니다. 1~2회 금리 인하가 예상되지만, 시장 금리가 급락하지는 않을 겁니다. 저희는 올해 기준 금리가 다소 내려가더라도 실질 시장 금리는 3% 초중반 정도에 머물 것으로 보고 있습니다. 2%대 금리는 아직 먼 이야기입니다. 하지만 3%대 초중반 금리만 되어도 거래량은 분명히 회복될 것으로 기대합니다.

주목해야 할 점은 2024년에 체결된 많은 계약들이 2025년 1~4월 사이 잔금을 치르게 된다는 것입니다. 저희만 해도 10건 이상의 잔금 거래를 앞두고 있습니다. 이로 인해 1분기에는 소유권 이전이 활발히 이뤄지고, 실거래 신고량이 대폭 증가할 것입니다. 매스컴에서는 '상업용 부동산 거래량 200% 증가'와 같은 뉴스가 쏟아질 가능성이 높습니다. 이 현상이 시장의 기준점을 형성하고, 매매 가격이 떨어지지 않고 오히려 상승 전환하는 계기가 될 수 있습니다. 그렇게 되면 관망하던 매수자들이 움직이기 시작하고, 현재 매수자 우위였던 시장이 2분기쯤 매도자 우위 시장으로 전환될 가능성이 높습니다.

단, 금리가 떨어진다고 해서 무조건 건물이 팔리는 것은 아닙니다. 시장은 점점 더 정교한 수요 분석과 맞춤형 전략을 요구하고 있습니다. 예를 들어, 신축 시장은 여전히 어려움을 겪고 있습니다. 과거에는 땅이 싸게 나오면 일단 매입해서 근생 건물이나 업무시설을 짓는 전략이 통했지만, 지금은 공실률 리스크를 고려하지 않으면 오히려 실패할 가능성이 큽니다. 앞으로는 임차인 수요를 명확히 분석하고, 어떤 테마에 맞춘 건물을 지을 것인지까지 구체적인 계획이 필요한 시대가 되었습니다.

주택 시장 변화도 빌딩 시장에 영향을 미치고 있습니다. 과거에는 전세를 선호했지만 최근에는 전세 사기 사건이 잇따르면서 월세 수요가 폭발적으로 증가하고 있습니다. 젊은 세대는 전세보다 월세를 선호하고, 이에 따라 고급 소형 주택형 건물이나 월세형 레지던스에 대한 수요가 늘어날 것으로 보입니다. 따라서 투자자들도 전통적인 근생 중심 포트폴리오를 넘어 고급 소형 주택, 레지던스형 빌딩 같은 새로운 방향을 고민해야 합니다.

법인을 통한 투자 전략도 변화하고 있습니다. 법인은 여전히 대출이 비교적 수월하기 때문에 잘 짜인 포트폴리오라면 좋은 조건으로 투자할 수 있습니다. 다만, 기존처럼 단순히 업무시설을 통으로 임대하려는 전략은 공실 리스크를 무시하기 어려우니 보다 섬세한 전략이 요구됩니다.

2025년은 단순히 금리 인하만 바라보고 움직일 수 있는 해가 아닙니다. 철저한 수요 분석, 시장 트렌드에 맞춘 포트폴리오 구성, 그리고 빠르게 변화하는 시장 환경에 대한 민감한 대응이 필요한 해입니다.

03

2025년 달라진 부동산 제도와
시장에 미칠 영향

2025년에 달라지는 부동산 제도 중에서 빌딩 시장에 직접적인 영향을 미칠 수 있는 핵심 변화들이 있습니다.

우선 가장 주목할 부분은 부동산 중개 광고 시 위반 건축물 표시 의무화입니다. 기존에는 광고에 위반 건축물 여부를 명시할 의무가 없었지만, 이제는 반드시 표시해야 합니다. 건물을 매입할 때 위반 건축물이 있다면 대출에 제한이 생기거나 감정가 하락 등의 문제가 발생할 수 있습니다. 또한 매입 이후에는 매수자가 이행강제금을 내야 할 수도 있습니다. 과거에는 이런 부분을 모른 채 계약하고 불이익을 보는 경우가 많았기 때문에 이번 조치는 실질적인 리스크 예방에 도움이 될 것으로 보입니다. 매수자들은 계약 전 반드시 건축물대장을 확인해 위반 여부를 체크해야 하며, 중개 광고에서도 이 부분을 꼼꼼히 살펴야 합니다.

두 번째로는 대출 중도상환 수수료 완화입니다. 기존에는 대출을 조기 상환하려 할 때 중도상환 수수료가 과도하게 부과되어 거래를 방해하는 경우가 많았습니다. 특히 높은 금리로 대출을 받았던 투자자들은 금리가 하락했음에도 불구하고 중도상환 수수료 부담 때문에 대환을 망설일 수밖에 없었죠. 그러나 올해부터는 중도상환 수수료가 50% 완화되어 금리 인하 시기에 맞춰 대환 전략을 구사하거나 자금 회전이 더 수월해질 전망입니다. 매수자들은 현재 대출 조건을 재검토해보고, 중도상환 수수료 부담을 줄일 수 있는지 적극적으로 살펴봐야 합니다.

세 번째는 신규 민간 건축물 제로에너지 기준 의무화입니다. 일정 규모 이상의 신축 건물은 향후 제로에너지 기준을 충족해야 하며, 이에 따라 태양광 설비 설치 같은 비용이 추가될 가능성이 있습니다. 이는 신축 건물의 건축비를 상승시키고, 결과적으로 분양가나 매매가에도 영향을 미칠 수 있습니다. 따라서 투자자들은 신축보다는 기존 구축 건물 리모델링 수요에 더 주목할 필요가 있습니다. 신축 리스크를 감수하기보다는 안정적인 기존 건물 중심으로 전략을 세우는 것이 현명할 수 있습니다.

네 번째는 다주택자 양도소득세 중과 완화 조치 연장입니다. 당초 2025년 5월 29일까지였던 완화 기한이 2026년 5월 29일까지 1년 연장되었습니다. 조정대상지역 내 2주택자들이 세 부담 없이 매물을 정리할 수 있도록 길을 열어준 셈입니다. 이에 따라 아파트 다주택자들이 매물을 처분하고, 주택 규제가 덜한 건물 투자로 옮겨오는 흐름이 앞으로도 지속될 것으로 예상됩니다. 특히 자산가들은 똘똘한 한 채를 남기고 나머지 주택을 정리한 뒤, 빌딩 시장에서 새로운 투자 기회를 모색하는 경향을 보이고 있습니다.

다섯 번째는 세법의 개정입니다. 특히 연세가 많으신 분들 중에는 단독 주택, 다가구 주택, 다세대 주택을 오랫동안 보유하고 계신 분들이 많습니다. 이분들은 주택으로 등록된 건물들을 근생(근린생활시설)으로 용도 변경하고 싶어도 비과세 혜택을 포기해야 하는 부담 때문에 매각을 망설이고 있었습니다. 그런데 이번 세법 개정으로 인해 이분들도 다시 비과세 혜택을 받을 수 있는 길이 열렸습니다.

포인트는 잔금일 기준이 아니라 매매 계약일 기준으로 비과세 여부를 판단한다는 점입니다. 즉, 매도인은 계약일 기준으로 주택을 정리하기 때문에 기존처럼 비과세 혜택을 받을 수 있습니다. 반대로 매수인은 잔금일 기준으로 보기 때문에, 잔금 전에 근생으로 용도 변경을 하면 취득세 중과를 피할 수 있습니다. 다시 말해, 법인이 주택을 매입해도 원래 13%가 넘던 취득세 중과를 피하고, 4.6% 세율로 매입할 수 있게 된 것입니다. 이 변화는 시장에 큰 활력을 불어넣을 것으로 예상됩니다. 건축 시장도 어느 정도 살아날 것이고, 거래 역시 지금보다는 활발해질 가능성이 있습니다.

하지만 여기에도 예상치 못한 변수가 있습니다. 최근 환율 상승과 건축자재비 급등이 발목을 잡고 있기 때문입니다. 특히 이번 개정 소식이 알려지자마자 건축업계에서는 반응이 폭발적이었습니다. 저희에게도 세법 개정 발표 이후 땅을 찾는 문의 전화가 10통 넘게 쏟아졌습니다. "다가구 건물 중에 못 팔고 있던 것들 다 주세요"라는 요청이 줄을 이었습니다.

그런데 막상 매도자분들에게 연락을 돌려보니 상황이 예상과 달랐습니다. 원래 취득세 중과 부담 때문에 5억짜리 매물을 4억에 내놓았던 분들이 "이제 세제 혜택이 복구됐으니 다시 5억에 팔겠다"며 매도 호가를 올려버린 경우가 많아졌습니다. 덕분에 핑크빛으로 기대했던 시장이 현실에서는 흙빛으로 변해버린 느낌입니다. 게다가 신축을 고려해야 하는 멸실 예정 건물들은 환율 상승, 건축비 증가라는 높은 장벽에 부딪히면서 여전히 매수자들의 접근이 쉽지 않습니다. 공실 리스크도 부담이 되고, 특히 주택 건물의 경우 기존 임차인들의 거주 문제로 중도금 마련 등 추가적인 비용 부담도 만만치 않습니다.

그럼에도 불구하고 긍정적인 흐름은 분명히 있습니다. 특히 저희는 상가주택형 건물들, 즉 1층 상가+상층 주택 구조를 가진 건물에 주목하고 있습니다. 이런 상가주택들은 멸실하거나 신축할 필요 없이 상층부 주택 부분만 근생으로 용도 변경하고 리모델링만 진행해도 매수자 입장에서 세금 혜택을 누릴 수 있기 때문입니다. 결과적으로 이 세법 개정 이후에는 대대적인 신축보다는 리모델링 중심의 매매가 더 활발해질 것으로 보입니다. 물론 환율이나 건축비 이슈로 인해 전반적인 거래량이 폭발적으로 늘지는 않겠지만, 과거에 비하면 분명히 움직임이 많아질 것입니다.

2025년 부동산 제도 변화는 단순히 주택 시장만이 아니라 상업용 부동산, 특히 빌딩 매매 시장에도 상당한 영향을 미칠 전망입니다. 매수자라면 광고 단계부터 위반 여부를 꼼꼼히 확인하고, 대출 전략을 다시 짜며, 신축 규제에 따른 시장 변화를 민감하게 읽어야 합니다. 또한 다주택자들의 매물 정리로 인해 시장에 유입될 자금을 주목하며 새로운 기회를 포착하는 안목도 필요할 것입니다.

04

앞으로의 상권과
건물 투자 시장 전망

앞으로의 상권과 건물 투자 시장 전망을 보면, 상권은 점점 양극화될 것으로 보입니다. 일본처럼 비싼 땅은 계속 비싸지고, 인기가 없는 지역은 점점 더 수요가 줄어들 가능성이 크다는 뜻입니다. 하지만 모든 지역이 그렇게 무너지는 것은 아닙니다. 목동 상권처럼 오랫동안 이어져온 전통적인 상권들은 여전히 유지될 것으로 보입니다. 급조된 신흥 상권이 아니라, 오랜 시간 동안 인프라와 수요가 쌓인 지역은 변동성이 적을 것입니다.

현재 건물주들의 분위기를 살펴보면, 많은 분들이 미국 주식이나 코인 투자로 손실을 입고 힘들어하고 있습니다. 그렇기 때문에 빌딩 투자가 다시 활발해지려면 금리 하락과 경기 회복이 필수적입니다. 그러나 경기에 대해서는 부정적인 전망이 많고, 오히려 금리와 정치의 연관성이 변수로 떠오르고 있습니다. 향후 대선 결과에 따라 세금 정책도 크게 바뀔 수 있기에 부동산 시장은 정치와 금리, 대출 규제 완화 같은 요소를 함께 주시해야 합니다. 올해 상반기 중 대출 제한이 완화되고 기준금리가 하향 조정된다면, 부동산 거래량은 다시 증가할 가능성이 있습니다.

또한 건물주 세대 교체가 빠르게 진행되고 있습니다. 과거에는 건물주라 하면 고령층이 대다수였지만, 지금은 20~30대 투자자들이 빠르게 늘어나고 있습니다. 이들은 단순히 임차 수익을 기대하는 것이 아니라, 스스로 공간을 활용하거나 직접 사업을 운영하는 형태로 건물을 구매하는 것입니다. 과거에는 보통 건물을 부모 세대가 물려주었다면 이제는 젊은 사업가들이 '내 사업 베이스캠프'로 건물을 매입하는 경우가 많아지고 있습니다. 게다가 직접 사용하면 대출도 더 많이 나오고 금리도 우대받을 수 있어 적극적으로 활용하는 추세입니다.

소비 패턴의 변화도 무시할 수 없습니다. 과거에는 대형 마트나 재래시장에서 직접 구매하는 문화였다면, 이제는 인터넷과 모바일 쇼핑이 일상이 되면서 많은 오프라인 상권이 약해졌습니다. 강남역 대로변조차 공실이 생기고 있다는 점은 상징적입니다. 따라서 앞으로는 '상권'을 단순히 유동 인구만 보고 판단해서는 안 되고, 소비 방식까지 깊이 있게 분석해야 합니다.

한편, 주거와 투자 시장에서도 변화가 뚜렷합니다. 최근 등장한 세대 분리형 아파트는 이를 단적으로 보여주는 사례입니다. 세대 분리형 아파트란, 하나의 아파트 안에 일부 공간은 본인이 살고, 나머지는 임대를 놓는 구조입니다. 이런 형태가 인기를 끄는 이유도 자산 활용을 극대화하려는 흐름 때문입니다. 비슷한 흐름으로 과거 유행했던 건물 조각 투자 역시 주목할 만합니다. 100억짜리 건물을 100조각으로 나눠 투자하는 방식이지만, 최근 들어 조각 투자 플랫폼들이 활기를 잃고 있습니다. 그럼에도 불구하고 앞으로는 이런 투자 방식의 다양화가 계속될 것으로 예상됩니다.

특히 성수동을 중심으로 젊은 사업가들 사이에서는 공동 투자(공투) 모델도 확산될 조짐이 보입니다. 여러 스타트업 대표들이 한 건물을 함께 매입해 1층은 A 회사, 2층은 B 회사, 3층은 C 회사 이런 식으로 공동 사용하며 건물을 운영하는 방식입니다. 이들은 단순 투자 이상의 의미를 부여하고, 서로 시너지를 내는 커뮤니티형 투자로 접근하고 있습니다.

또 하나 눈여겨볼 변화는 임대 트렌드입니다. 전통적으로는 장기 임대(전세)가 주를 이뤘지만, 요즘 젊은 층은 전세를 아예 포기하고 월세로 유연하게 살겠다는 사고방식이 강합니다. 보증금을 크게 걸어놓고 오래 사는 것은 '비효율적'이라고 생각하기 때문입니다. 사무실 시장도 비슷합니다. 고정된 장기 임대 대신, 주 단위로 사무실을 임대하거나 짧은 기간만 사용하고 연장하는 식의 계약이 늘고 있습니다.

이런 흐름은 부동산 투자에서도 그대로 반영될 것입니다. "사서 묶어두는 것보다, 유연하게 사용하고 렌트로 운영하는 쪽이 낫다"는 인식이 퍼지면서 건물 투자 트렌드 역시 전통적인 방식에서 달라질 가능성이 높습니다. 장기 보유해 시세차익을 기대하는 투자와 매달 렌탈 수익을 빠르게 실현하는 투자, 이렇게 양극화가 심해질 것입니다.

마지막으로, 최근 아파트 시장에서도 하이엔드 오피스텔이나 소형 주거형 오피스텔 같은 새로운 주거 형태가 주목받고 있습니다. 이는 과거 3~4인 가족 중심의 대단지 아파트가 주류였던 주거 패턴이 깨지고, 1인 가구와 소형 주거 수요가 늘어나면서 나타난 변화입니다. 정리하자면, 앞으로 부동산 시장은 다음과 같은 방향으로 변화할 것으로 예상됩니다.

상권 양극화

- 비싼 지역은 더욱 비싸지고, 인기 없는 지역은 수요가 감소

- 전통 상권은 유지될 가능성 높음

- 정치, 금리, 대출 규제 완화 여부에 따라 시장 움직임 변동

젊은 건물주 세대 등장

- 스스로 사용하거나 사업 베이스로 활용

- 소비 패턴 변화에 따라 상가 수요 축소

투자 방식 다양화

- 조각 투자, 공동 투자(공투) 확산

임대 트렌드 변화

- 장기 임대 대신 유연한 임대 선호

주거 형태 다양화

- 세대 분리형 아파트, 하이엔드 오피스텔 확대

결국 앞으로는 '어떤 부동산을 갖고 있느냐'보다 '어떤 전략으로 활용하고 운영하느냐'가 부의 차이를 결정짓는 시대가 될 것입니다.

PART 5. '빌딩 부부'가 바라보는 건물 투자의 미래

05

가로수길부터 대치동까지, 강남 상권 분석

2002년 월드컵 무렵까지만 해도 압구정은 여전히 핫한 지역이었지만, 지금의 가로수길은 아직 본격적으로 부각되지 않을 때였습니다. 당시에는 현재 피네이션 건물 주변은 강남이라 부르기에도 다소 번외의 지역이었습니다. 2000년대 초반까지만 해도 이 지역은 평당 1억 원을 넘지 않았습니다.

제(손미혜 부대표)가 부동산 일을 시작했던 2011년, 가로수길 최고가는 평당 1억 원 선이었습니다. 이후 애플 매장이 들어오면서 단숨에 3억 원, 4억 원까지 치솟았습니다. 현재는 이면도로까지도 평당 1억 5천~2억 원 이상을 호가하는 상황입니다. 신구

초등학교 건너편 이면 지역 역시 1억 원 중반~2억 원대 매물이 나오고 있습니다. 머지않아 이 지역 전체가 2억 원 이상을 호가하게 될 것으로 보입니다.

지도를 크게 펼쳐놓고 평당가별로 스티커를 붙이면, 한강을 중심으로 1억 원대, 2억 원대, 3억 원대, 4억 원대로 구간이 나뉘는 것을 알 수 있습니다. 합정로를 경계로 북쪽은 3억 원대, 남쪽은 1억 원 초반대, 테헤란로 남쪽은 8천만 원대라는 식입니다. 한강에 가까울수록 가격은 높아지고, 거리가 멀어질수록 낮아지는 경향이 뚜렷합니다.

이제 상권별로 조금 더 깊게 들어가 보면, 가로수길이 뜨면서 상대적으로 압구정 로데오 상권은 한동안 침체되었습니다. 두 상권은 물리적으로 가깝지만, 동시에 두 곳이 함께 활황을 맞기에는 힘든 구조였습니다. 하나가 뜨면 다른 하나는 주춤하는 모습을 반복했습니다. 가로수길이 오르면서 로데오 거리는 최저 평당 6,800만 원까지 떨어졌던 적이 있습니다. 그러나 현재 로데오 거리는 다양한 식음료 브랜드가 들어서면서 활기를 되찾고 있습니다. 낮은 임대료 덕분에 가능성 있는 브랜드들이 입점했고, 이들이 상권을 다시 살려낸 것입니다. 임차인의 힘을 실감할 수 있는 사례입니다.

논현역에서 학동역을 잇는 학동로 구간은 가구거리로 유명

합니다. 이면도로에는 페인트, 타일, 인테리어 업체가 밀집해 있습니다. 학동역~을지병원사거리쪽은 최근 엔터테인먼트 사옥들이 급격히 늘어나고 있으며, 유재석 씨 역시 이 지역에 건물을 매입한 것으로 유명합니다. 7호선의 접근성 덕분에 학동역 일대는 사옥 수요가 많아졌습니다. 특히 2억 원 미만 평당가를 노리는 법인 대표님들의 매수 문의가 끊이지 않습니다. 현재 거래는 소강상태지만, 향후 호재에 따라 반등 가능성도 엿보입니다.

강남구청역과 청담역 사이 지역은 관공서와 학교가 많아 활발한 상업 상권이 형성되기 어려운 지역입니다. 법무사, 세무사 사무실, 소규모 법인 사옥들이 주를 이룹니다. 한편, 언덕이 있는 지형 특성 때문에 임차 수요도 제한적이며, 신축할 때 추가 비용이 발생하기 때문에 개발 매력도는 상대적으로 떨어지는 편입니다. 청담역 일대 역시 이름값에 비해 상권 파워는 다소 약한 편입니다. 현대차 글로벌 비즈니스 센터(GBC) 부지 개발이 완공되면 반등 가능성은 있지만, 아직 뚜렷한 변화는 보이지 않고 있습니다.

삼성중앙역과 봉은사역 일대는 앞으로 큰 변화를 기대할 수 있는 지역입니다. 아직 개발이 덜 된 다세대, 다가구 주택들이 많아 멸실 후 신축이 가능한 곳으로 평가받고 있습니다. 특히 삼성역 주변은 현대차 GBC와 영동대로 지하화 프로젝트 덕분에 중장기적으로 긍정적입니다. 다만, 시세가 이미 상당히 올라 있어서 접근성이 낮은 것도 현실입니다.

대치동 학원가는 여전히 강남구 내에서도 가장 탄탄한 상권 중 하나입니다. 매물이 적고 수요는 끊이지 않아 가격이 지속적으로 상승하고 있습니다. 학원가 수요로 인해 이 지역 건물은 사고 싶어도 매물이 없어 못 사는 상황이 자주 발생합니다.

강남 상권은 과거의 변화를 거쳐 지금의 모습을 이루었으며, 앞으로도 다양한 요인에 따라 변화할 가능성이 큽니다. 단순히 현재 가격만 보는 것이 아니라 상권의 힘, 수요층의 변화, 인프라 개발 계획 등을 함께 고려해야 진짜 가치를 읽을 수 있습니다.

06

가로수길은
다시 부흥할 수 있을까?

앞서 강남 상권을 쭉 훑어보았지만 최근 신사동 가로수길의 부동산 시장에 흥미로운 변화가 있어서 더욱 깊게 살펴보겠습니다. 2024년 12월, 방송인 강호동 씨가 보유하고 있던 가로수길 건물을 매각했다는 소식이 전해졌고, 이후 이 건물을 가수 MC 몽 씨가 매입했다는 뉴스 기사를 접했습니다.

강호동 씨는 2018년에 이 건물을 약 141억 원에 매입했고, 2024년에 166억 원에 매각했습니다. 양도 차익은 25억 원 정도로 그간의 부동산 상승세를 감안하면 예상보다 적은 수익이었습니다. 이 사실이 알려지자 "가로수길은 죽었다", "공실률이 높아져 상권이 무너졌다"는 식의 부정적인 전망이 잇따랐습니다. 하지만 저(손미혜 부대표)는 그때도, 지금도 가로수길이 그렇게 쉽게 무너질 상권이 아니라고 생각합니다.

저는 어린 시절부터 가로수길을 지켜본 토박이입니다. 지금처럼 상권이 형성되기 전, 가로수길은 은행나무만 무성한 한적한 거리였습니다. 동네 사람들은 그곳을 '은행 똥밭'이라고 부를 정도였습니다. 초등학교 4학년 때, 이곳에서 처음 '은행나무 거리 축제'가 열렸습니다. 무대가 설치되고, 연예인 공연과 패션쇼가 펼쳐졌습니다. 그때 패션쇼를 주최했던 인물이 바로 고(故) 앙드레김 선생님이었습니다. 저는 어린 나이에 그 패션쇼를 직접 보고 선생님께 사인까지 받았습니다. 이렇게 작은 변화들이 모여 가로수길을 패션 거리로 만들었습니다. 이후 다양한 화장품 브랜드, 애플 스토어 등 대기업 매장이 입점하면서 상권은 폭발적으로 성장했습니다. 가로수길은 단순히 자연스럽게 발전한 거리가 아닙니다. 지역적 조사와 전략적 기획 아래 형성된 상권이며, 그래서 더욱 쉽게 무너지지 않는 힘을 가졌다고 생각합니다.

물론 지금 가로수길을 보면 공실이 늘어난 것은 사실입니다. 그러나 그 이유는 단순히 상권 침체가 아니라 과도하게 높아진 임대료 때문입니다. 임대료를 적정 수준으로 조정한다면 다시 임차인들이 들어올 가능성은 충분합니다. 예전에도 압구정 로데오 거리가 침체됐다가 다시 살아난 사례가 있습니다. 로데오 거리는 한때 평당 6,800만 원까지 내려갔지만, 최근 다시 활기를 되찾았습니다. 중요한 것은 가로수길도 이와 비슷한 과정을 거칠 수 있다는 점입니다.

단순히 임대료를 낮추는 것만으로는 부족할 수 있습니다. 이제 가로수길은 새로운 콘텐츠를 채워 넣어야 합니다. 과거 패션과 F&B(식음료) 중심이었던 상권에서 이제는 의료, 뷰티, 헬스케어 등으로 변화를 꾀할 필요가 있습니다. 이미 가로수길 이면도로에는 병원이 입점하는 건물들이 하나둘씩 생기고 있습니다. 성형외과, 피부과 등 외국인 환자를 타깃으로 한 병원들이 진출하기 시작했습니다. 이는 가로수길이 여전히 매력적인 입지임을 보여주는 좋은 신호입니다.

이처럼 가로수길은 도산공원 상권보다 상업적으로 훨씬 유리한 조건을 갖추고 있습니다. 지형이 평지이고, 용적률도 더 높아 건물 활용도에서 확실한 이점을 가집니다. 도산공원 일대는 높이 제한, 주거지 혼합 문제로 인해 상업 개발에 제약이 따르는 반면, 가로수길은 상대적으로 자유롭습니다. 또한 최근 강남구청, 청담역 일대에 엔터테인먼트 사옥들이 속속 들어서고 있는 것처럼 가로수길 역시 의료, 헬스, 문화 복합 거리로 진화할 가능성이 열려 있습니다.

가로수길은 단순한 거리 이상입니다. 저는 감히 가로수길이 강남구의 심장이라고 생각합니다. 지금은 잠시 주춤하고 있지만, 반드시 새로운 모습으로 다시 일어설 것이라 믿습니다. 지금 필요한 것은 가로수길 스스로의 변화입니다. 단순히 과거의 영광을 회상하는 것이 아니라 현재 공실 문제를 해결하고 새로운 수요를 유치하는 전략적 전환이 필요합니다.

07

점점 젊어지고 있는
건물 투자자들

2011년 무렵만 해도, 건물주 고객의 대부분은 60~70대의 할머니, 할아버지들이었습니다. 당시에는 금리도 10%대를 웃돌던 시기였고, 젊은 사람이 빌딩을 산다는 것은 상상조차 하기 어려운 일이었지요. 하지만 그로부터 약 4년 뒤 분위기가 조금씩 바뀌기 시작했습니다. 당시 빌딩 시장에 진입한 새로운 수요층은 '아파트 투자로 성공한 50대 사모님들'이었습니다. 이들은 기존에 다세대 주택이나 아파트 투자를 통해 자산을 불린 후, 보다 안정적이고 수익성 높은 빌딩 시장에 발을 들이기 시작했습니다. 그렇게 아파트에서 건물로 이동한 투자자들이 생겨났고, 곧

이어 또 다른 흐름이 등장했습니다.

투자자들은 더 젊고, 더 과감해지기 시작했습니다. 특히 화장품, 의류, 식품 등의 이커머스 사업으로 대박을 낸 젊은 창업가들이 빌딩 시장에 진입하기 시작한 것이지요. 자신이 만든 브랜드를 대기업에 매각하고 수백억 원의 자금을 손에 쥔 이들이 그중 일부를 '건물 매입'에 사용한 것입니다. 이들에게 건물은 단순한 부동산이 아닌 노후 자산이자 브랜드 성장의 기반이었습니다. 자신이 운영하는 회사의 사옥으로 활용하거나 월세 수익으로 안정적인 현금흐름을 만들고자 한 것입니다. "이자를 내는 대신 임대료를 아끼고, 시세차익도 노릴 수 있다"는 판단이 이들을 움직이게 했습니다.

이 흐름은 곧 쿠팡 판매자, 유튜버, 코인 투자자로까지 확산되었고, 80년대생, 90년대생 심지어는 대학생들까지 빌딩 시장에 관심을 갖는 것으로 점차 변화했습니다. 대학교에 재학 중인 학생들이 창업을 통해 초기 수익을 얻고, 그 자금을 기반으로 건물에 투자하는 모습은 이제 더 이상 낯설지 않습니다.

이 흐름은 이제 10대, 심지어 미성년자에게까지 확산되고 있는 추세입니다. 부모가 미리 만들어 놓은 가족 법인을 통해 자녀의 이름으로 일부 지분을 증여해 놓고, 해당 법인을 통해 자산을 불려가는 구조가 보편화되고 있습니다. 법인으로 건물을 사놓고 임대료로 대출을 갚아 나가며 유지하면 자녀가 20살이 되는 시점에는 이미 자산의 일정 비율이 자녀들의 몫으로 돌아가게 됩니다. 이제는 미성년자가 엄마 옆에 앉아 "이 빌딩 괜찮은데요?", "지분 몇 퍼센트 있죠?"라고 묻는 시대가 되었습니다. 이는 단순히 부동산 수익을 노리는 것 이상의 의미를 갖습니다. 경제 감각과 사업 감각을 함께 갖춘 '조기 투자자'들이 늘고 있다는 의미입니다.

재밌는 건 이렇게 어린 나이에 건물 투자에 관심을 갖는 친구들을 살펴보면, 공통적으로 어릴 때부터 부모가 부동산 이야기를 자주 했다는 점입니다. 어릴 적부터 부모가 "이 건물은 어떤 식으로 수익을 내는지", "임대료와 이자의 관계는 어떤지" 이야기하는 걸 듣고 자란 이들이 자연스럽게 그 감각을 키워온 것입니다. 우리가 주식 계좌를 열어주고 "한번 굴려봐" 하는 것처럼, 건물 투자도 그런 흐름을 타기 시작했습니다.

대한민국은 면적이 좁고, 상권이 밀집되어 있는 구조입니다. 사람들은 자연스럽게 주요 지역으로만 몰리고, 부동산 거래 역시 특정 지역에서만 집중되고 있습니다. 강남역 대로변은 이미 평당 7~8억 원을 넘어섰습니다. 그럼에도 이런 지역은 거래가 끊이지 않습니다. 수요가 계속 이어지기 때문입니다. 결국 '땅이 아니라 상권이 돈을 만든다'는 인식이 젊은 세대에게도 뿌리내리고 있는 것입니다.

게다가 지금의 20대는 AI, 로봇 기술, 자동화 시스템과 같은 신기술에 익숙하고 똑똑합니다. 단순히 건물을 사는 것에서 끝나지 않고 지방의 경매로 나온 유휴 토지를 활용해 로봇 농장, 자동 재배 시스템을 구축하려는 아이디어를 실제로 실행에 옮길 가능성이 높습니다. 우리가 생각하는 '버려진 땅'도 이들은 수익화 가능성이 있는 자원으로 보는 것입니다.

우리나라와 다르게 일본은 지금도 '가업 승계' 중심 사회입니다. 100년 이상 된 기업이 많고, 자녀가 부모의 사업을 그대로 이어받는 것이 당연시되고 있습니다. 하지만 한국은 삼성, 현대 정도를 제외하면 대를 이어 사업을 물려받는 구조가 거의 없습니다. 자산을 제로에서부터 만들어야 하는 구조입니다. 그래서 한국의 젊은 세대는 더 창의적이고, 더 치열하게 전략을 짭니다. 해외 투자, 브랜딩, 사업화에 능하고, 투자에도 빠르게 눈을 뜨고 있습니다. 이들은 부모의 가난을 반복하지 않겠다는 의지와 함께 새로운 부를 만들고자 하는 열망이 강합니다.

저희가 이 책을 쓰는 목적 중에는 단순히 건물 투자 노하우를 전하려는 것만 있지는 않습니다. 세대가 바뀌고, 돈의 흐름이 바뀌고, 투자에 눈뜨는 시기가 점점 더 빨라지는 이 변화의 시대에 부모가 자녀에게 미리 건네줄 수 있는 삶의 전략서이기를 바랍니다. 건물은 단순한 부동산이 아니라 미래를 준비하는 가장 현실적인 도구이고, 이 책은 그 도구를 어떻게 사용할지를 알려 주는 나침반이 되어줄 수 있습니다. 자녀에게 단순히 "열심히 살아라"가 아니라, "이 방향으로 준비해라"라고 말해주고 싶다면, 이 책은 가장 현실적이고 구체적인 선물이 될 것입니다.

이제는 단지 좋은 대학, 안정된 직장이 우리를 먹여 살려 주지 않는 세상이 되어버렸습니다. 일찍부터 자산에 눈을 뜨고 설계하는 아이들이 시대를 이끌게 될 것입니다. 현재 부모로서 해줄 수 있는 가장 강력한 조언은 바로 '건물로 너의 미래를 키워라'라는 메시지일지도 모릅니다.

에필로그

이 책의 제목이 정해졌을 때, 저희는 꽤 오랜 시간 고민했습니다. 혹시 오해받지는 않을까, 너무 자극적이지는 않을까, 누군가에게 상처가 되지는 않을까. 하지만 결국 이 문장을 선택하게 된 이유는 단순합니다. 이 말은 누군가를 폄하하거나 비교하기 위한 표현이 아니라, 저희 부부가 아이에게 실제로 전하고 싶은 진심에서 나온 문장이기 때문입니다.

저희는 "아들아, 의사 대신 건물주가 되어라"라고 말합니다. 그 말은 곧 "남들이 옳다고 정해놓은 길을 따르기보다 너만의 기준을 갖고 주체적으로 살아가라"는 뜻입니다. 의사가 되는 길,

변호사가 되는 길은 명확한 길입니다. 공부하고, 시험 보고, 자격증을 따고, 병원이나 로펌에 들어가면 됩니다. 그 길은 안정적이고 체계적이며, 부모 세대에게는 무엇보다 '확실해 보이는' 미래였습니다.

하지만 저희는 현장에서 수없이 많은 고객을 만나며 깨달았습니다. 진짜 안정은 직업이 아니라 자산에서 온다는 것, 그리고 그 자산을 만들기 위한 가장 현실적인 도구 중 하나가 바로 '건물'이라는 사실을 말입니다.

요즘은 건물 한 채가 단순한 투자 수단이 아닙니다. 삶의 방향을 바꾸는 결정이며, 가족의 시간을 다시 설계하게 만드는 중심축입니다. 저희가 만난 젊은 맞벌이 부부는 마포 아파트를 팔고 전세로 옮기며 성수동에 작은 건물을 매입했습니다. 당시에는 큰 결심이었지만, 4년 후 그 건물의 가치는 거의 2배가 되었고, 그들은 이제 아파트 두 채 이상의 자산을 보유한 건물주가 되었습니다. 그들은 안정적인 직장과 현실에 안주하기보다 '미래를 위한 도약'을 선택한 사람들이었습니다.

저희는 이 책을 통해 그런 사람들의 이야기를 기록하고 싶었습니다. 이 책에는 그런 실전의 기록들이 가득 담겨 있습니다. 서류 하나 잘못 확인해서 수개월이 지연된 계약, 명도 문제로 갈등이 생긴 사례, 건축법을 몰라 신축이 불가능한 땅을 살 뻔한

순간들… 겉으로 보기에 완벽해 보이는 건물들도 자세히 들여다보면 수많은 변수와 리스크가 숨어 있습니다. 건물을 사는 것은 '돈'보다 '판단력'과 '정보력'이 요구되는 일이라는 점을 저희는 현장에서 매번 느낍니다. 그렇기에 이 책은 '꿈을 이루는 방법'보다는 '꿈을 현실로 만드는 과정'을 다룹니다.

유튜브에서 흔히 보이는 "수익률 몇 퍼센트", "몇억 벌었다"는 자극적인 수치보다, 저희는 '한 사람의 인생을 바꾼 결정'이 어떻게 만들어졌는가에 집중했습니다. 이 책의 후반부에 실린 다양한 실제 투자 사례는 바로 그 지점에서 시작된 이야기입니다.

그리고 마지막으로, 이 책은 우리 아이들을 위해 쓰였습니다. 아이가 자라서 세상을 만날 때, 부모로서 해줄 수 있는 가장 좋은 조언은 "너는 반드시 공부만 잘해야 해"가 아니라 "네가 진짜 원하는 삶을 위해 어떤 자산을 선택할지 고민해보렴"이라는 말이라고 생각했습니다. 저희는 아이에게, 그리고 이 책을 읽는 모든 독자에게 이렇게 말하고 싶습니다.

"네가 어떤 직업을 갖든, 결국 너의 시간을 지키고 삶을 설계할 수 있는 힘은 자산에서 나온단다. 단순히 돈을 많이 버는 사람이 아니라, 돈의 흐름을 이해하고 움직일 수 있는 사람이 되어야 해. 의사가 되겠다면 응원할게. 하지만 의사라는 직업에 갇히지 않고, 진짜 건물주처럼 살아가기를 바란다."

부동산은 화려한 성공보다 조용한 준비가 필요한 세계입니다. 그 준비를 시작하려는 모든 이들에게 이 책이 작은 등불이 되었으면 합니다. 건물 한 채는 생각보다 더 많은 것을 바꿉니다. 그리고 그 한 채를 통해 누군가의 인생이 새롭게 열릴 수 있습니다. 그 가능성을 발견한 지금이 바로, 가장 좋은 시작의 때입니다.